Extremely fast
and incredibly effective

神速
Excel

中田元樹

ダイヤモンド社

はじめに
Excelを「ブラインドタッチ」せよ!

皆さん、はじめまして。中田元樹と申します。

本書を手に取っていただき、ありがとうございます。私は普段、企業や個人に対しExcelを教えています。

しかし、私の本業はExcel講師ではなく、業務改善コンサルタントです。企業に対し、業務効率化のアドバイスを行っています。

ではなぜExcelを教えているのか。それはコンサルタントの仕事を通して、膨大なデータを分析し続けた結果、気づけば誰よりもExcelが得意になっていたためです。

☑ 1秒でも早く終わらせる

とはいえ新人コンサルタントのときは、仕事量に忙殺され、睡眠時間を削って仕事をしていました。「このままではお客様に満足していただけるパフォーマンスは出せない」と、1秒でも早くデータを分析するための方法を模索し、日々改善を続けました。その結果、Excelを活用したデータ分析のスピードがどんどん速くなっていきました。

私は、2万人の社員を抱える日本最大規模のコンサルティングファームに所属していましたが、気づけば「Excelを扱うスピードでは、社内で中田の右に出る者はいない」と言われるようになりました。社内では「コンサルタント向けのデータ分析」の研修などを担当し、そのExcelスキルを社外の方にもお教えしたところ、参加した皆さんにとても喜んでいただき、現在も継続的にセミナーを開催しています。

皆さんからは「1時間かかっていた作業が、5分で終わった!」「残業がなくなり、家族と過ごす時間が増えた」と、とてもうれしいご報告をいただいております。

☑ ショートカットを覚えても、「速く」ならない

　私の Excel 知識とスピードは、世界の上位 0.01％のレベルにあると思っています。Excel を使っている人が 1 万人いたら、その頂点に立てます。最近は多くの方から "Excel の神様" と呼ばれることも増えてきました。

　私が得意としているのは、"Excel スピードインパクト" という Excel 操作を高速化する技術です。

「高速化」と聞くと、普段から Excel を使われている方は「ショートカットを駆使して操作する」というイメージを持たれるかもしれません。

　まず理解していただきたいのは、「ショートカットをたくさん覚えれば、操作が速くなる」わけではないということです。

　もちろん、ショートカットを使えば操作はスピーディになりますが、真のポイントはそこではありません。

- セルの移動と選択をスピーディに行う
- 不具合が起こった際に瞬時に解決する
- スピーディにセルの値や数式を編集する
- 関数を一瞬で複製する

　こうした基本動作を「無意識レベル」で行えるかどうかがカギなのです。この土台の上にショートカットの知識が組み合わさり、初めて「Excel スピードインパクト」を実現できます。

　こうした基本動作は見過ごされがちです。Excel の達人といわれる人たちにとっては、あまりにも反射的で、無意識レベルでの操作ですが、系統立てて整理された本はありませんでした。

　本書ではこうした基本動作をなるべくわかりやすく解説し、ひとつひとつの仕組みを明らかにしていきます。「達人の技」をすべて言語化し、演習を通じて身につけてもらうのが本書の狙いです。

この本は演習問題を実践し、手を動かしながら学んでいただくことを想定して作っています。P13に記載したURLから教材ファイルをダウンロードし、「基本動作」と「ショートカット」を徹底的に練習していただきます。本を読んで「なるほど、わかった」で終わらせず、何度も手を動かして、Excelスキルを高めてほしいのです。

　特殊な製本技術により、この本は180度開くようになっており、手で押さえなくても、開いたままの状態を保つことができます。腰を落ち着けて、トレーニングに専念してください。

☑ "指が覚える"まで繰り返す

　なぜ反復練習が大切なのかをお話しします。個人の能力は、「マインド」「スキル」「ナレッジ」の3要素で構成されていると考えています。

マインド＝心の姿勢や価値観
スキル　＝反復によって獲得された、無意識レベルで再現可能な技術
ナレッジ＝経験や学習によって獲得された知識

　マインドは、「やる気がある」「素直である」に代表される心の姿勢です。
　皆さんには「Excelを学びたい」という能動的な姿勢がありますので、マインドは大丈夫です。
　大事なのはここから。スキルとナレッジの違いについてです。
　スキルは、反復によって獲得された、無意識レベルで再現可能な技術。
　ナレッジは、経験や学習によって獲得された知識。
　一見似ていますが、異なるものです。
　ピアニストがピアノを弾くときのことを考えてみましょう。ピアニストは、鍵盤のどれを押せば、「ドの音が鳴る」「レの音が鳴る」ということを知識として知っています。これが「ナレッジを持っている」状態です。

003

さて、プロのピアニストは演奏中に、「どの鍵盤を叩くと何の音が鳴る」かをいちいち思い出しながら演奏しているでしょうか。

　答えは No です。弾きたい音楽が頭に思い浮かんだ瞬間、"無意識レベルで"指が勝手に動いているはずです。この"無意識レベルで"というのが非常に大切で、これが「反復によって獲得されたスキル」です。

☑ 「無意識レベル」のスキルを身につける

　キーボードで文章を入力するとき、最初は「どのキーを打つと、何の文字が入力されるか」を確認しながら押していたはずです。「どのキーを打つと、何の文字が入力されるか」を知っている。これもナレッジです。

　しかし今は、叩くキーのことをいちいち思い出さなくても、入力したい文章が頭に浮かんだらすぐに指が動くのではないでしょうか。

　ピアニストがピアノを演奏するのと一緒で、これが「無意識レベル」のスキルなのです。Excel も達人になればなるほど、ほぼ何も考えず、無意識のうちに操作が完了します。

　この本で、私は単なる Excel のナレッジ（知識）をお教えしようとは思っていません。「このような表を作りたい」「こことここの数値を集計して合計を求めたい」と思った瞬間に、指が無意識レベルで動き、数秒以内にその操作が完了している状態を目指していただきたいのです。

☑ この本を読んでほしい方

　次のような仕事や業務をされている方にぜひ読んでいただきたいです。

- 日々の業務でデータ分析 / 集計を行うコンサルタント
- 金融系企業で、日々異なる財務シミュレーターやレポート作成を行う方
- 顧客データや販売データを扱うマーケター

- 経理・人事・総務などの管理部門の方
- 複数の取引先からデータを受領して整理する仕事がある、商社や製造業のデータ管理部門の方
- 顧客別の売上データなどを集計分析している営業職
- 監査法人などにお勤めの会計士
- 大学の研究室で日々データ分析を行う学生

　目安ですが、1日の仕事のうち15％以上の時間、Excelを使っている方にとっては、本書は日々の生産性を劇的に変える可能性を秘めています。

　しかし、注意点が1つあります。本書はマウスではなく、キーボードを使うことで、Excel操作の高速化を目指しています。これは「日々の業務でExcelをかなりの頻度で使用する」場合を想定した技術だということをご理解ください。

☑ 本書の構成

Introduction　ウォーミングアップ

　Excel技術を学ぶ上で大切な「Excelの基本中の基本」をお伝えします。「マウスを使わずに保存する」「0.3秒でシートを移動」「セルの移動とセルの選択」などを、とことんわかりやすく説明します。「知っている」と読み飛ばさず、お付き合いください。

Chapter 1　Excel操作の原則

　Excel操作をスピーディに行うための原則をお伝えします。代表的なExcelの機能と、キーボード操作でExcelを使用する上でのルールをしっかり理解してください。

　取り上げる操作は「行列の挿入」「セルに色を塗る」など基本的なものが多いですが、Excel操作の土台となる大切な内容です。

Chapter 1でお教えするのは「原則」であるため、ここで取り上げなかった機能であっても、無限に応用が利きます。

Chapter 2　セル選択の10奥義

　Excel操作の高速化に欠かせない「セル選択」の練習を徹底的に行います。Excelの多くの操作は、「①セルの移動 → ②セルの選択 → ③命令」の3工程で成り立っています。

　当たり前すぎて見過ごされがちなのですが、操作の半分近くはセルを移動して、選択する操作であるといっても過言ではありません。

　この操作をスピーディに、ストレスなく行う技術が非常に大切になります。

　このChapter 2をまるまる「セル選択」の技術にあてたのは、この技術がExcel操作高速化の肝になると考えているためです。

　何度も繰り返し練習して、「セル選択」のスキルを高めてください。特にこのChapter 2の練習を熱心にやっていただければ、練習時間に比例してExcelの作業スピードも必ず速くなります。

	操作の例
①対象セルへの移動	文字の色を変えたいセルまで移動する
▼	
②対象セルの選択	文字の色を変えたい範囲を選択する
▼	
③命令	文字の色を変える

Chapter 3　スピードアップテクニック

　これまで身につけたスキルを活かしながら、スピードアップに直結する便利技を紹介します。Excel を使う上で頻出するテクニックをまとめました。新しい発見もたくさんあるはずです。

Chapter 4　数式と関数の高速化

　数式や関数を高速で記述＆複製する方法を学びます。この Chapter では、「データ量が何万行あっても、関数の記述と複製を10秒以内に完了できるスキルを身につける」ことが目的になります。

　正しい操作を身につければ、データ量が10個であろうと10万個であろうと数式や関数を作る操作スピードは変わりません。業務効率化の肝になる章ですので、何度も手を動かしながら練習してください。

Chapter 5　厳選！ ショートカット200

　ここで紹介するショートカットをすべて使いこなせるようになれば、あなたの Excel レベルは相当なものになります。200種類すべてを覚える必要はありませんが、仕事でよく使うショートカットはチェックし、指に覚えさせてください。

　本書は、「マニアックな知識」や「使用頻度が低い機能」の説明は極力省き、「さまざまな操作の土台となる基礎的な知識・機能」にフォーカスしています。Excel の基本的な機能の5％を極めれば、95％の作業は困らなくなるのです。

　前置きが長くなりましたが、いよいよ本編の始まりです。リラックスし、そして楽しみながら本書を読み進めてください。

本書の理念
ノーマウスポリシーを徹底！

　下記の図は、マウス操作とキーボード操作の「訓練量」と「スピードと正確性」の関係を表しています。いずれも訓練を積めば積むほど速くなりますが、マウス操作には一定の限界ラインが存在します。一方、キーボード操作を極めると、ある地点からスピードと正確性が劇的に高まります。

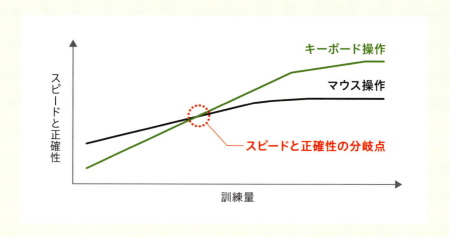

　最初はマウスを使ったほうが、操作スピードは速く、正確性も高まります。マウス操作は直感的でわかりやすく、誰にとっても使いやすいツールだからです。

　しかし一定の訓練量を積むと、キーボード操作が、マウス操作のスピードと正確性を上回ります。私はこのポイントを「スピードと正確性の分岐点」と呼んでいます。一度分岐点を超えると、Excelの操作スピードはみるみる上がっていき、マウス操作では到底到達できないレベルに達します。

　しかし、すでにマウスによるExcel操作に慣れていて、キーボードをあま

り使わない方にとっては、中途半端に練習しても「結局、マウスを使ったほうが速いよね」となります。この点を踏まえ、本書をお読みください。

☑ 「初心者だから速くなる」メカニズム

この本を手に取られている方の中には、初めて Excel を学ぶ方もいらっしゃるはずです。"Excel 高速化"といった言葉を聞くと、少し不安に思われるかもしれません。

でも大丈夫です。安心してください。

スキルとは基礎の積み重ねであり、この本は初めて Excel に触る方でもわかるように基本から解説しています。実は Excel 初心者のほうが"変な操作方法"の癖がついていないため、スキルアップしやすいのです。

どんなスポーツにも基礎があるように、Excel にも「型」があります。変な癖がつく前に身につけていただきたいのです。ですので、Excel にちょっと自信のある方も、初めて Excel を学ぶつもりで、ぜひまっさらな気持ちでお読みください。

また、本書は Windows の Excel に対応しており、Mac には対応していません。「Excel をスピーディに操作する」という意味では、Mac は Windows に到底及ばないと考えています。

詳細は割愛しますが、Mac の場合、Alt キーの機能などが Windows と違うため、ショートカットが Windows よりも少ないという事情があります。

お仕事の内容によりますが、もしあなたが、日々の仕事で多くの時間を Excel に使うなら、Windows を使われたほうが作業効率も高まると思います。

※本書記載の情報は、2019 年 9 月現在のものです。また本書は Excel 2013/2016 に対応し、Windows 版の Excel2016 の画面を用いて解説しています。そのため、ご利用の Excel のバージョン・種類によって、若干の差異がある場合があります。ご了承ください。

Contents

はじめに Excelを「ブラインドタッチ」せよ！　001
本書の理念 ノーマウスポリシーを徹底！　008

Introduction 準備体操
ウォーミングアップ

01 覚える用語は4つだけ！ ……………………………………………………… 016
02 マウスを使わず保存しよう …………………………………………………… 019
03 嫌なことがあったら、[Esc]（エスケープ）！ …………………………… 022
04 ノーマウスで、「名前を付けて保存」ができる ………………………… 024
05 0.3秒でシートを移動 ………………………………………………………… 028
06 最も大切な「セルの移動とセルの選択」 ………………………………… 032
07 Excelは巨大な宇宙空間！ ワープしてみよう！ ……………………… 036
08 選択は[Shift]&矢印キーで！ ……………………………………………… 043
09 [Ctrl]&[Shift]&矢印キーで「ワープ選択」 ……………………………… 045

Chapter 1 高速化原則
Excel操作の原則

01 コピーと貼り付けの本質を理解する ……………………………………… 050
02 [Ctrl]&[Z]で間違えた操作を0.5秒で元に戻す ………………………… 054
03 [F2]でセルの中に「入り込む」 …………………………………………… 058

04 キーボードを3回押せば、行と列を挿入できる！ 062

05 ショートカットには、「同時押し・順番押し」の2種類がある 065

06 ダイアログボックスを自由自在に操作する 066

07 ノーマウスでフォントの色を変える 072

08 Alt を使えば、どんな操作も1秒以内で完了！ 077

09 0.5秒で罫線を引く 083

10 文字の配置を一瞬で変える 085

11 4つのキーでウィンドウ枠を固定する 086

Chapter **2**　高速選択
セル選択の10奥義

01 Excel操作は「移動➡選択➡命令」の3工程 094

02 「セル選択」の性質を正しく理解する 096

03 奥義1 データの全選択 099

04 奥義2 限定された範囲の選択1 101

05 奥義3 限定された範囲の選択2 105

06 奥義4 列の一斉選択 107

07 奥義5 行の一斉選択 109

08 奥義6 全領域の選択 112

09 奥義7 急がば回れでワープ選択1 114

10 奥義8 急がば回れでワープ選択2 116

11 奥義9 対角線上のデータ選択 121

12 奥義10 データに囲まれた領域の選択 124

Chapter 3 発展技術
スピードアップテクニック

01	セル内のデータを素早く編集する	130
02	Enter と Tab を極める	132
03	挿入と削除を極める	134
04	Alt + I + R で行を挿入、Ctrl & − で削除	138
05	0.5秒でシートを挿入	141
06	0.5秒でシートを削除	142
07	列幅の調整を極める	144
08	コピーと貼り付けを極める	147
09	書式のみ貼り付けをマスターする	150
10	行列を入れ替えて、わかりやすい表を作る	153
11	連続データの入力を極める	156
12	「本日の日付」を一瞬で入力	159
13	フィルター操作の基本を学ぶ	163
14	データを素早く並び替える	168
15	テキストフィルターを活用する	170

Chapter 4 高速記述・高速複製
数式と関数の高速化

01	3つのスキルと2つの関数を極める	176
02	【読む】セルの参照機能は、すべての数式・関数の基本	178
03	【読む】 F2 でセルに入力された数式や関数の正体を確かめる	182
04	【書く】「参照時のアクティブ」の概念を理解する	184

05 【書く】 F2 を駆使して参照先を変更する ……………………… 188

06 【書く】関数はセルに直接入力 ……………………………………… 191

07 【書く】"かっことじる"は省略 …………………………………… 194

08 【書く】ショートカットで SUM 関数を0.5秒で記述 …………… 196

09 【増やす】関数を一瞬でコピーする Ctrl & D ……………… 198

10 【増やす】関数を一瞬でコピーする Ctrl & R ……………… 200

11 【増やす】「急がば回れ」でワープ選択 ………………………… 203

12 【増やす】相対参照機能を学ぶ ………………………………… 205

13 【増やす】絶対参照機能を学ぶ ………………………………… 208

14 COUNTIF 関数の基本 …………………………………………… 213

15 絶対参照を活用した COUNTIF 関数のコピー ……………… 217

16 VLOOKUP 関数の基本 …………………………………………… 222

17 絶対参照を活用した VLOOKUP 関数のコピー ……………… 227

Chapter 5 厳選！ショートカット200

01 基本ショートカット100 …………………………………………… 232

02 応用ショートカット100 …………………………………………… 242

おわりに　本書を読み終えた皆さんへ　　252

下記 URL からファイルをダウンロードし、何度も手を動かして、Excel スキルを高めてください。なお、本書の内容の実行や教材データの活用はすべて自己責任のもとで行ってください。もし損失を被った場合でも、著者ならびに出版社は責任を負いかねます。あらかじめご了承ください。

ダウンロードURL　https://www.diamond.co.jp/go/pb/excel0904/

Introduction

ウォーミングアップ

目的

本書を読み進める上での「基本中の基本
の技術」を習得する

身につくスキル

- ノーマウスで「保存」「シートの移動」
  ができる
- 瞬時に不具合を解決できる
- セルの移動とセルの選択をスピーディ
  に行う

Section 01 覚える用語は4つだけ！

ウォーミングアップでは、「基本用語の解説」「保存」「シートの移動」「セルの移動・選択」というExcel操作の基本中の基本を解説します。「知っているよ」という方も飛ばさずに読み進めてください。

☑ 覚える用語は「行、列、セル、シート」だけ

まずは基本的なExcel用語を覚えていきましょう。Excelに関する用語はたくさんありますが、最初に覚えてほしいのはたった4つのみです。「00_ウォーミングアップ_v1.0」というファイルを開くと、以下のような画面が出てきます。

▼「行」「列」「セル」とは？

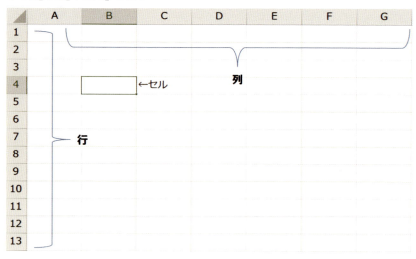

Excelは、縦に並んだ「行」と横の「列」で構成されています。1、2、3……と数字が書いてある縦の要素を「行」、A、B、C……とアルファベットが書いてある横の要素を「列」といいます。

ひとつひとつのマス目のことを「セル」と呼びます。「セル（Cell）」とは英語で細胞を意味する言葉。たくさんの「セル（Cell）」が並びあって、Excel という体（Body）が作られているというイメージを持ってください。

☑ Excel のセルには、ひとつひとつアドレス（住所）がある

　この「セル」ですが、個別にアドレス（住所）を持っています。選択されているセルに注目してみると、B 列目の 4 行目にありますね。そして画面の左上を見てみると、「B4」と書かれたアドレスが確認できます。

　他のセルをクリックしてください。クリックしたセルのアドレスに変わります。

▼ セルのアドレスとは？

列番号（アルファベット）と
行番号（数字）の組み合わせで
セルのアドレス（住所）が決まる

　このアドレスの考え方は奥が深く、非常に大切なのですが、現時点ではあまり深く考える必要はなく、「列と行の組み合わせでセルには住所があるんだな」くらいの理解で大丈夫です。

　また、画面の下部に目を移すと、いくつかのページのようなものがあります。今、皆さんは「01_行列とセル」という名前の「シート」を開いているのです。次ページを見てください。

Introduction　ウォーミングアップ　017

▼ シート名は下の部分に表示される

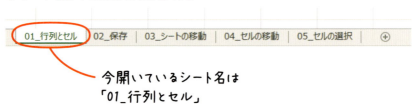

　Excelは「シートが複数集まって1つのファイルになっている」というイメージを持ってください。

　行、列、セル、シート。繰り返しになりますが、基本的な用語として覚えるのは、今はこの4つでOKです。

Section 02 マウスを使わず保存しよう

　マウスを使っていいので、1つ右のシート**「02_保存」**をクリックしてください。マウスを使わずに、「名前を付けて保存」を体験してみましょう。

▼「02_保存」シートをクリック

| 01_行列とセル | 02_保存 | 03_シートの移動 | 04_セルの移動 | 05_セルの選択 | ⊕ |

▼「02_保存」シートが表示される

A1	練習：保存	
	A	B
1	練習：保存	
2		
3		
4		
5		
6	**＜操作＞**	
7	F12	名前を付けて保存
8	Ctrl&S	上書き保存

　このシートが出てきます。「更新した内容を保存する」という基本的な操作を学びます。「そんなの簡単。やり方は知っている」という方も、飛ばさずに読み進めてください。

　最初に情報管理の基本的な考え方をお伝えします。今、皆さんは指定のURLから資料をダウンロードして、「00_ウォーミングアップ_v1.0」という名前のExcelファイルを開いています。

　他の人から受領したファイルや今回のようにダウンロードしたファイルを使用、あるいは更新するときは、必ずファイル名を自分用に新しく変更しま

Introduction　ウォーミングアップ　019

しょう。

　例えば、ファイル名に自分の名前を追記したり、版（Version）を書き換えたりする方法が一般的でしょう。

　では、「名前を変えて保存する」という操作をしてみたいのですが、おそらく普段Excelを使っている方は、マウスを使って、Excel画面の左上の「ファイル」をクリックし、

▼「ファイル」と書かれたリボンをクリック

　上から6番目にある「名前を付けて保存」をクリックしているはずです。

▼「名前を付けて保存」をクリック

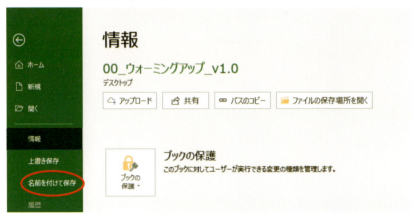

　しかし、実はすでにこのやり方はExcelをスピーディに扱う上では最適解

ではありません。まず、マウスから一度手を離していただき、キーボードの右上にある F12 を押してみてください。そうすると、次のような画面が出てくるでしょう。

▼ F12 で「名前を付けて保存」ボックスが表れる

もし F12 を押してもこのような画面が出ない方は、キーボードの左下にある Fn （ファンクションボタン）を押しながら、F12 を押してください。Fn を押す場合と押さない場合の違いは後述します。

これまでマウスを使って操作していた方には、ちょっとした驚きがあるかもしれません。キーボードのボタン1つで、「名前を付けて保存」のボックスが出せるのです。

また、「上書き保存」もマウスを使わずにできます。Ctrl & S です。"指が覚える"まで何度も練習してください。

Introduction ウォーミングアップ　021

Section 03 嫌なことがあったら、Esc（エスケープ）！

　名前を付けて保存する前に、もう1つ大切なスキルをお伝えします。
　「名前を付けて保存」のボックスを閉じたいとき、皆さんはどのようにされているでしょうか。おそらく多くの方が、マウスでボックスの右上の「×」をクリックしているはずです。

▼ 右上の「×」をクリックして、ボックスを閉じる

　しかし、この作業もキーボードボタン1つでできます。キーボードの左上に Esc と書かれたボタンがあります。これは「エスケープボタン」というのですが、このボタンを押すと「名前を付けて保存」のボックスが閉じるはずです。

▼ Esc はキーボードの左上

この Esc は Excel を使う上では、欠かすことのできない非常に大切なキーです。

　Excel では操作をすると、「名前を付けて保存」ボックスのような、さまざまなボックスが表れます。このボックスを消したい、閉じたいと思ったときは、この Esc を押すことで、一瞬で閉じることができるのです。

　Esc の使い方は、他にもいろいろあります。入力ミスをしたときに、Esc を押せば編集前の状態に戻すことができます。コピーをしたときの状態を解除したいときも、ボタン1つで解除できます。

　詳細は後述しますが、とにかく何か困ったことが起こったときや、間違って出してしまった機能を消したいときは、Esc を押すことで、解決できるのです。一度押しただけでは問題が解決しないことも多いため、Esc を連打する癖をつけてください。

　セミナーで Excel をお教えするときは、まずこの Esc からお話しします。「嫌なことがあったら、Esc（エスケープ）！」を合言葉にして、無意識レベルで使いこなせるようになるまで繰り返しお教えしています。

Introduction　ウォーミングアップ　023

Section 04 ノーマウスで、「名前を付けて保存」ができる

では「名前を付けて保存する」に戻りましょう。F12 を押し、「ファイル名（N）」の欄に注目してみてください。青い背景で、ファイル名が白抜き文字で表示されています。

▼ファイル名に注目！

ここで、キーボードの左矢印キー ← を押してみましょう。「ファイル名（N）」の欄の中で、カーソルが移動するのが確認できます。

▼矢印キーで移動できる

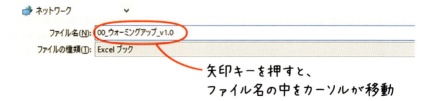

「名前を付けて保存」ボックスを出した時点で、初期設定として「ファイル名（N）」が編集できる状態になっています。この状態を、「ファイル名（N）がアクティブになっている」と表現します。アクティブの考え方は非常に大切なので、のちほど詳しく説明します。

今、皆さんがダウンロードしているファイル名は、「00_ウォーミングアップ_v1.0」です。この最後の「v1.0」を「v1.1」に変えてください。

▼ ファイル名を「〜 v1.1」に変更する

「00_ウォーミングアップ_v1.1」というファイル名に書き換えられたところで、Enter を押してください。

☑ Enter で「名前を付けて保存」を確定

すると、開いている Excel ファイルの一番上のファイル名が、「00_ウォーミングアップ_v1.1」に書き換えられているのが確認できます。

▼ ファイル名は Excel の上部に表示される

ファイル名が「00_ウォーミングアップ_v1.1」に変更された

Introduction　ウォーミングアップ　025

皆さんがファイルをダウンロードして保存した場所に、「00_ウォーミングアップ_v1.1」という名前の新しいファイルができました。マウスを使っていいので、ファイルを開くときに開いていたフォルダを見てみましょう。

▼「00_ウォーミングアップ_v1.1」という新しいファイルが作成された

新しいファイルができました！

　これで「名前を付けて保存」操作は終了です。よく使う操作なので、この操作を指に覚えさせてしまいましょう。Version を「v1.2」「v1.3」「v1.4」のように増やして、ファイルを何個作っても構いません。最初にお教えしたとおり、「なるほど、わかった」で終わらせず、同じ動作を繰り返して、無意識レベルで指が動く状態に近づけていくことが大切です。

☑ ノーマウスポリシー　〜さあ、マウスを手放そう〜

　ここまで読んでいただいた皆さんは、「名前を付けて保存」をマウスなしで行うことに成功しています。「マウスを使わずに操作を行う」のがこのChapter でお伝えしたい一番のポイントです。

　実は、Excel の操作のほとんどはマウスを使用せずに行うことができるのです。マウスを使わない操作ポリシーのことを、私は「ノーマウスポリシー」

と呼んでいます。

　なぜ、マウスを使わない方法を推奨しているか、というと答えはただ一つ。マウスを使わないほうが"圧倒的に作業が速く終わるから"です。

　この本は、徹底的に「ノーマウス」のポリシーに振り切って執筆しています。普段マウスを使って Excel を操作している方も、「ノーマウス」で活用している機能を再現することで、新しい Excel 体験を得て、スキルをアップデートしてください。

Section 05　0.3秒でシートを移動

　新しい「ノーマウス」の技術をお教えします。マウスなら少なくとも2秒はかかる操作ですが、0.3秒で完了できるようになります。
　より効果を実感するために、まずはマウスで操作してみましょう。
　今皆さんが開いている**「02_保存」**というシートの隣に、**「03_シートの移動」**というシートがあります。マウスでクリックして、**「03_シートの移動」**シートに移動してください。

▼「03_シートの移動」シートをクリック

▼「03_シートの移動」が表示される

ここでマウスから手を離しましょう。「ノーマウスポリシー」の発動です。まず、Ctrl（コントロールボタン）を押してください。Ctrlを押しながら、Page Down（ページダウンボタン）を押します。Page DownはPgDnと表記されることが多いです。

▼ Ctrl & PgDn で右のシートに移動

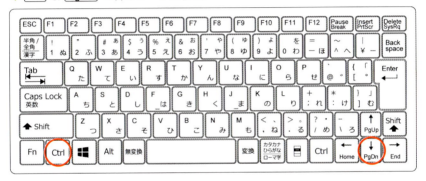

デスクトップパソコンの場合は、下記のようなキーボードが多いでしょう。PgDnの場所が少し異なりますので、気をつけてください。

▼ Ctrl & PgDn で右のシートに移動

1つ右のシートに移動できましたか。もしうまくいかない方は、Ctrlと Fn を同時に押しながら、PgDn を押してください。

Fnを押す必要があるかどうかは、お使いのPCによって異なります。キーボード上の文字が下記のように□で囲まれていたら、「Fnと一緒に押してください」という意味です（□で囲まれていなくても、Fnを押さなければならないPCもあります）。

▼ □で囲まれていたら、Fnも一緒に押す

▼ Ctrl & (Fn) & PgDn で右のシートに移動

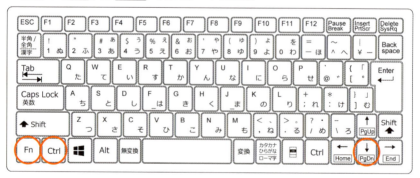

これで1つ右のシートに移動できます。Ctrl & (Fn) & PgDnを何度か押して、シートがショートカットを押すたびに右に移動していくのを確認してください。勘の良い方はもうお気づきかもしれませんが、Page Downのかわりに、Page Upを押すと、シートが左に移動していきます。Page UpはPgUpと表記されることが多いです。

▼ [Ctrl] & [PgUp] で左のシートに移動

▼ [Ctrl] & ([Fn]) & [PgUp] で左のシートに移動

[PgUp]や[PgDn]を使って、シートを自由に動き回ってみてください。最初は少し戸惑いますが、慣れれば0.3秒でシートを移動できますね。これまでマウスを使ってシートを移動していた方は、この方法を知ってしまうと今までの時間がばかばかしくなります。

シートが無数にあるデータの場合、シートを探すのにマウスを使って苦労されている方をよく見ます。このショートカットで目的のシートがかなり探しやすくなります。

このショートカットは、本書を読み進めていく上で一番よく使うショートカットです。しっかり「指に覚えさせて」ください。

Section 06 最も大切な「セルの移動とセルの選択」

　シートの移動のショートカット Ctrl & (Fn) & PgDn / PgUp を使って、「04_セルの移動」シートに移動してください。

　最も基本的な技術、「セルの移動」を学びます。もちろんノーマウスで行います。

　「セルの移動は絶対にマウスを使わない」という意識を持ってください。

　セルの移動は、矢印キーを使って行います。この姿勢が、操作を高速化するために最も大切なポイントなのです。

　指のポジションは、右手の人差し指で ← 、中指で ↑ と ↓ 、薬指で → を押すのが一般的です。このポジションがずれてしまうと操作ミスが増えてしまいますので、ポジションが崩れないように練習しましょう。

▼ 人差し指で ←　中指で ↑ ↓　薬指で → が一般的。一度決めたポジションはずらさない

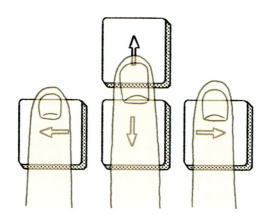

　矢印キーでの移動に慣れたら、他の移動方法についてもお教えしておきます。ではシートを見てください。アルファベットが並んでいますね。 Enter を押してください。選択しているセルが下に移動します。

▼ Enter でも下のセルに移動できる

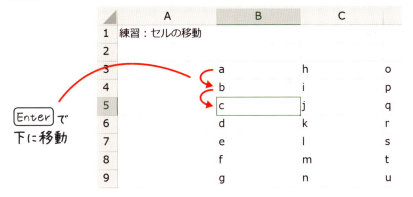

Shift を押しながら、Enter を押してください。セルは、上に移動します。

▼ Shift & Enter で上のセルに移動できる

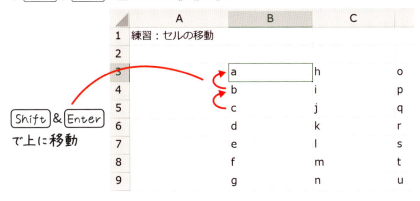

次に、Tab を押してみましょう。セルは右に移動していきます。

▼ Tab で右のセルに移動できる

	A	B	C	D	E
1	練習：セルの移動				
2					
3		a	h	o	
4		b	i	p	
5		c	j	q	
6		d	k	r	
7		e	l	s	
8		f	m	t	
9		g	n	u	

Tab で右に移動

Shift を押しながら、Tab を押してください。セルは、左に移動します。

▼ Shift & Tab で左のセルに移動できる

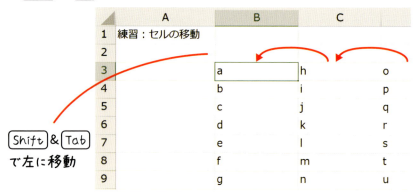

このように、Enter 、Tab 、Shift を組み合わせることで上下左右にセルを移動することができます。

ただ、移動の基本は矢印キーです。99％の移動は矢印キーを使って行いますので、ここでは、「Enterと Tab でも移動ができるんだな」くらいに覚えてもらえればいいでしょう。文字を連続して入力していくときなどは、Enterと Tab での移動を使用すると便利なのですが、その方法については後述します。

　今の時点では、矢印キーでセルを移動することに集中してください。

準備体操

高速化原則

高速選択

発展技術

高速記述・高速複製

Introduction ウォーミングアップ　035

Section 07 Excel は巨大な宇宙空間！ワープしてみよう！

　さて、矢印キーで移動する、という鉄則をお教えしましたが、これから少し面白い技を皆さんにお教えします。それは「ワープ」という技です。

　ワープとは、SFの世界によく出てくる、「宇宙空間のひずみを利用して瞬時に目的地に達する」技術のことなのですが、Excelでは空間のひずみを利用しなくてもワープができるのです。とにかく、実際にやってみましょう。
　今開いている「04_セルの移動」シートの、「a」というアルファベットが書かれているアドレス B3 のセルに移動してください。
　くれぐれもマウスを使わないように！　必ず矢印キーで移動してくださいね。

▼ アドレス B3 まで矢印キーで移動する

	A	B	C	D
1	練習：セルの移動			
2				
3		a	h	o
4		b	i	p
5		c	j	q
6		d	k	r
7		e	l	s
8		f	m	t
9		g	n	u

　ここまで移動したら、Ctrl を押したまま、↓ を押してみてください。「g」と書かれているアドレス B9 のセルまで一瞬で移動したはずです。

▼ Ctrl & ↓ でアドレス B9 までワープ移動！

	A	B	C	D
1	練習：セルの移動			
2				
3		a	h	o
4		b	i	p
5		c	j	q
6		d	k	r
7		e	l	s
8		f	m	t
9		g	r	u

　もう一度、Ctrl を押したまま、↓ を押してみてください。今度は、「矢印方向に移動」と書かれているアドレス B13 のセルに移動したはずです。

Introduction　ウォーミングアップ　037

▼ Ctrl & ↓ でアドレス B13 までワープ移動！

	A	B	C	D
1	練習：セルの移動			
2				
3		a	h	o
4		b	i	p
5		c	j	q
6		d	k	r
7		e	l	s
8		f	m	t
9		g	n	u
10				
11				
12	<操作>			
13	↑ ↓ ← →	矢印方向に移動		
14	Enter	下に移動		
15	Shift & Enter	上に移動		
16	Tab	右に移動		
17	Shift & Tab	左に移動		
18	Ctrl & 矢印	ワープで移動		

　もう一度、Ctrl を押したまま、↓ を押してみてください。今度は、「ワープで移動」と書かれているアドレス B18 のセルに移動しましたね。

▼ [Ctrl] & [↓] でアドレス B18 までワープ移動！

	A	B	C	D
1	練習：セルの移動			
2				
3		a	h	o
4		b	i	p
5		c	j	q
6		d	k	r
7		e	l	s
8		f	m	t
9		g	n	u
10				
11				
12	＜操作＞			
13	↑ ↓ ← →	矢印方向に移動		
14	Enter	下に移動		
15	Shift & Enter	上に移動		
16	Tab	右に移動		
17	Shift & Tab	左に移動		
18	Ctrl & 矢印	ワープで移動		

[Ctrl]を押しながら矢印キーを押すと、ワープができるのです。ワープには
ルールが2つあります。

ワープ移動の原則

ワープのルール①　データが入っている空間は、そのデータの一番端っ
　　　　　　　　　こまでワープ！

ワープのルール②　データが何もない空間は、次のデータにぶつかるま
　　　　　　　　　でワープ！

▼ Ctrl & ↓ でワープの原則に従って以下のように動く

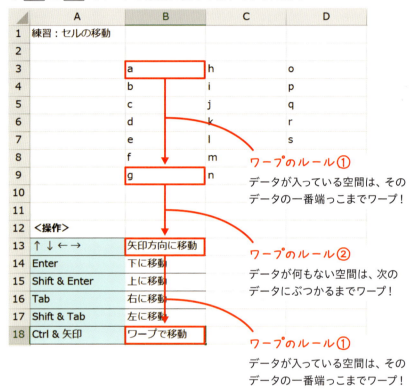

ワープのルールについて、イメージできましたでしょうか。さて、ここで1つちょっとした、いたずらをしてみましょう。今、皆さんは「ワープで移動」と書かれたアドレス B18 のセルを選択しています。

ここから、これまでと同じように Ctrl を押したまま、↓ を押してみてください。すると、なんとアドレス B1048576 という、何のデータもないセルまでワープしてしまったはずです。

▼ Ctrl & ↓ でアドレス B1048576 までワープしてしまった

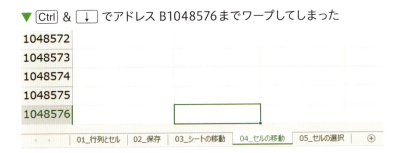

　これはルール②「データが何もない空間は、次のデータにぶつかるまでワープ！」によるものです。B18以降に何のデータも入っていないため、データの一番端っこ、喩えるなら「宇宙の果て」まで行ってしまったのです。
　Excelのシートは広大な「宇宙空間」で、Excelを開いたときは、その空間の一番左上のみの狭い世界を見ている、というイメージを持ってください。

▼ Excel は広大な「宇宙空間」

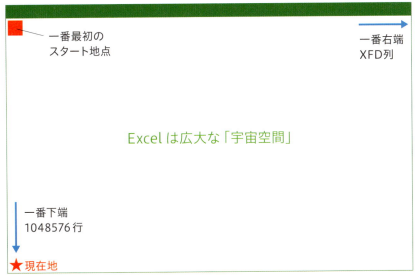

ここまで遠くにワープしてきてしまうと、元の場所に帰るのはとても大変ですが、もちろんワープ機能を使えば一瞬で帰ることができます。[Ctrl]を押しながら、[↑]を何回か押してみてください。元の位置にすぐに帰ってくることができたはずです。

　Excelの宇宙空間には右端もあります。[Ctrl] & [→]を押して一番右のセルにも行ってみましょう。XFD列という途方もない遠い場所まで行ってしまったはずです。こちらも、[Ctrl] & [←]を押し続ければ元の場所に戻れます。

▼ [Ctrl] & [→] で Excel の右端までワープ

XFA	XFB	XFC	XFD

　操作ミスでExcel宇宙空間の一番下や一番右に行ってしまうことがありますが、その際は焦らずに、[Ctrl]を押しながら[↑]、もしくは[←]を押し続けることで、必ず元のスタート地点に帰ってくることができます。

　このワープを活用したセルの移動方法は、Excel作業を超スピードで行うための最も大切な技術の一つといっても過言ではありません。これからいろいろな操作を練習していただきますが、[Ctrl]と矢印キーでワープをしながら操作しているとミスをして、このExcelの一番下のセルや一番右のセルに行ってしまうことがよくあります。その際に焦ってしまわないように念入りに解説しています。

　移動の基礎練習は、Chapter 2で徹底的に行いますので、ここでは、「矢印キーで移動できる」こと、「[Ctrl]と矢印キーを押せばワープできる」ことを覚えておいてください。

Section 08 選択は Shift & 矢印キーで！

　移動の操作方法をご理解いただけたので、次に「セルの選択」を練習しましょう。**「05_セルの選択」**シートに移動してみましょう。

　シートの移動の操作方法は Ctrl & (Fn) & Page Down / Page Up ですね。**「05_セルの選択」**シートに移動すると、先ほどと同じようなデータが出てきます。

　セルの選択を理解していただくために、まずはアドレス B3 の「a」と書かれたセルまで移動してください。アドレス B3「a」に来たら、 Shift を押しながら ↓ を押してみましょう。そうすると「a」と「b」と書かれたセルが選択されたはずです。

▼ Shift & ↓ で「a」「b」と書かれた2つのセルが選択される

	A	B	C	D
1	練習：セルの選択			
2				
3		a	h	o
4		b	i	p
5		c	j	q
6		d	k	r
7		e	l	s
8		f	m	t
9		g	n	u

Shift & ↓ で
2つのセルが選択された

　 Shift を押しながら、 ↓ と → を何回か押して、右下の「u」と書かれたセル（アドレス D9）まで選択範囲を広げてください。

Introduction　ウォーミングアップ　043

▼ Shift & 矢印キーでセルの選択範囲を広げることができる

	A	B	C	D
1	練習：セルの選択			
2				
3		a	h	o
4		b	i	p
5		c	j	q
6		d	k	r
7		e	l	s
8		f	m	t
9		g	n	u

　これが、セルの選択をキーボード操作のみで行う方法です。何回か、Shift を押しながら、いろいろな矢印キーを押してみてください。選択範囲を広げたり、縮めたりすることができます。

Ctrl & Shift & 矢印キーで「ワープ選択」

さて、Shiftと矢印キーで「セルの選択」ができることがわかりました。ここで思い出してほしいのは、セルの移動を学んだときの「ワープ」について。Ctrlと矢印キーを押すと、ワープができるということを学びました。もう一度、ワープの原則を思い出しましょう。

ワープ移動の原則

> ワープのルール①　データが入っている空間は、そのデータの一番端っこまでワープ！
>
> ワープのルール②　データが何もない空間は、次のデータにぶつかるまでワープ！

ここで、Shiftを使った「セルの選択」とワープを組み合わせてみましょう。まずもう一度、アドレスB3の「a」と書かれているセルに移動してきてください。

▼ アドレスB3のセルに移動する

	A	B	C	D
1	練習：セルの選択			
2				
3		a	h	o
4		b	i	p
5		c	j	q
6		d	k	r
7		e	l	s
8		f	m	t
9		g	n	u

Introduction　ウォーミングアップ　045

この状態で、Ctrl と Shift を同時に押してみてください。2つのキーを押したまま、↓ を押してみましょう。

▼ Ctrl と Shift を同時に押しながら、↓ を押す

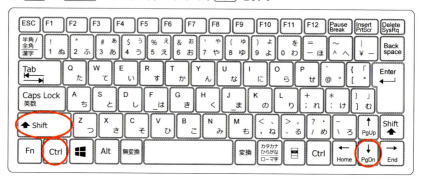

すると一瞬で、「a」と書かれたセルから「g」と書かれたセルまで選択できました。

▼ Ctrl & Shift & ↓ で、アドレス B3 から B9 のセルが一気に選択される

もう一度この状態で、[Ctrl]と[Shift]を同時に押したまま[↓]を押してみてください。

▼ [Ctrl] & [Shift] & [↓] で、さらにアドレス B13 までワープ選択できる

	A	B	C	D
1	練習：セルの選択			
2				
3		a	h	o
4		b	i	p
5		c	j	q
6		d	k	r
7		e	l	s
8		f	m	t
9		g	n	u
10				
11				
12	＜操作＞			
13	↑ ↓ ← →	矢印方向に移動		
14	Shift＆矢印	選択		
15	Ctrl & 矢印	ワープ		
16	Ctrl & Shift & 矢印	選択ワープ		

　今度はアドレス B13 の「矢印方向に移動」と書かれたセルまで選択できたはずです。もう、この仕組みについてはお気づきですね。[Ctrl]でワープ、[Shift]で選択。よって、この2つを同時に押すと「ワープ選択」できるのです。

　移動と選択の動きは非常に重要ですので、Chapter 2でしっかり基礎練習を行います。今は、[Ctrl]でワープ、[Shift]で選択、[Ctrl] & [Shift]でワープ選択、の3つができるということを覚えておけば OK です。

　以上でウォーミングアップは完了です。Chapter 1「Excel 操作の原則」に進みましょう。

Introduction　ウォーミングアップ　047

Chapter 1

Excel 操作の原則

目的

Excel 操作を高速化するための原則を理
解する

身につくスキル

- コピーと貼り付けの本質を正しく理解
  している
- セル内の編集をスピーディにできる
- ショートカットキーによって異なる
  キーボード操作の手順を理解している
- アクティブな領域を一瞬で切り替える
  ことができる
- ほぼすべての操作を1秒以内で行う方
  法を理解している

Section 01 コピーと貼り付けの本質を理解する

　Chapter 1「Excel操作の原則」では、Excel操作の高速化を実現するための基本的な原則（ルール）をお伝えします。セルの選択技術や、数式・関数に関するスキルは、Chapter 2以降で解説します。まずはすべての操作の土台となる基本を学んでいきましょう。

　まずコピーと貼り付けについて学びましょう。このコピーと貼り付けのショートカットは、おそらく世界で最も有名なショートカットです。単にコピーするだけでなく、ショートカットにまつわる他の知識もお教えします。「知っている」と飛ばさずにお読みください。

　「01_Excel操作の原則_v1.0」のファイルを開くと、「01_コピーと貼り付け」というシートが出てきます。セルをコピーするショートカットは、Ctrl & C です。C は「Copy」のC。D3にある「コピーするセル」というセルまで移動し、Ctrl & C を押してみてください。

▼ Ctrl & C でアドレス D3 をコピー

	A	B	C	D
1	コピーと貼り付け			
2				
3				コピーするセル
4				
5	<操作>			
6	Ctrl & C	コピー		
7	Ctrl & V	貼り付け		
8	Enter	貼り付け		

コピーしたセルに緑色の「うねうね」が表れる

　そうすると、緑色のうねうねとした線が表れます。これが、「今ここをコピーしていますよ」という合図です（Excelのバージョンによって、「うねうね」の色は異なります）。

　空白のセルに移動して貼り付けをしてみましょう。どのセルでもかまいま

せん。貼り付けの方法は2種類あります。
① Enter を押して貼り付ける
② Ctrl & V で貼り付ける

それぞれの違いを、皆さんはご存じでしょうか。コピーしたセルが貼り付けられるという意味では役割が一緒ですが、一部違いがあります。まずは、Enter を押してコピーしたセルを貼り付けてみましょう。

▼ 空白セルの上で Enter を押す

これで、選択したセルにコピーしたセルを貼り付けることができました。注意してほしいのは、Enter で貼り付けると、もともとコピーしていた D3 のセルのコピーモード（緑色のうねうねとした線）がとれるということです。Enter での貼り付けでは、貼り付けると同時にコピーモードを解除するという動作になります。

次の貼り付けのショートカットは、Ctrl & V です。もう一度、アドレス D3 のセルを Ctrl & C でコピーしてみてください。コピーモードになりますので、緑色のうねうねとした線が表れます。

▼ もう一度 D3 をコピー

　この状態で空白のセルに移動し、Enter ではなく Ctrl & V で貼り付けをしてみてください。

▼ Ctrl & V で貼り付け

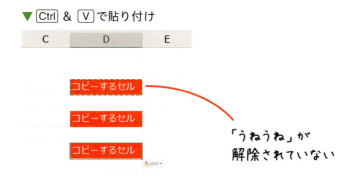

　ここで先ほどの Enter での貼り付けとは違うことに気がつきます。Ctrl & V で貼り付けた場合は、コピーモードは解除されず、緑色のうねうねとした線は残ったままです。

　緑色のうねうねとした線がついているときは、何度でも貼り付けが有効です。別のセルに移動して、何回か Ctrl & V を押して貼り付けをしてみてください。コピーモードが続いている限り、何度でも貼り付けが有効であることがわかります。

このコピーモード、緑色のうねうねとした線を皆さんどのように解除していますか。コピーモードを解除するために Enter を押すと、必要のないセルに貼り付けがされてしまいます。ダブルクリックをしてみたりと、いろいろと苦労されているのではないでしょうか。

　しかし、思い出してください。前述したとおり、何か困ったことが起こったときや、間違って出してしまった機能を消したいときは、Esc を押すことで解決できるのです。

　Esc を押すとうねうねとした線は一瞬で消えます。これでコピーされた状態が解除されました。コピー状態が解除されているときは、Ctrl & V を押しても貼り付けは実行できません。

　あくまでも貼り付けは、コピーモードが発動しているときのみに有効ということを意識してください。コピーと貼り付けの原則を以下にまとめます。

コピーと貼り付けの原則

① Enter で貼り付け（1回きりの貼り付け。コピーモードは同時に解除）

② Ctrl & V （コピーモードが続くので、何度も貼り付けが可能）

③ コピーモードは Esc で解除できる

Section 02

Ctrl & Z で
間違えた操作を0.5秒で元に戻す

　Excel に限らず Word や PowerPoint で間違えた操作をしてしまったとき、皆さんはどのように操作を元に戻しているでしょうか。マウスだと画面上部の「元に戻す」ボタンを押すことで1つ前の操作に戻せます。これは、Excel でも Word でも PowerPoint でも共通の操作です。

▼「元に戻す」ボタンをクリックすれば、操作を1つ前に戻すことができる

　しかし、これをいちいちマウスでクリックすると、マウスを上部に持っていくのに時間がかかります。この方法で操作している方は、今すぐやり方を改め、ショートカットを覚えましょう。

▼ Ctrl & Z で「元に戻す」

　こちらも Ctrl & C （コピーする）、Ctrl & V （貼り付けをする）と同様、非常に有名なショートカットですが、練習しましょう。
　「02_戻す」シートに移動してください。シートの移動のショートカットは

覚えていますか。[Ctrl] & ([Fn]) & [PgDn] / [PgUp] を使って、シートを移動
しましょう。

D列を見てみましょう。セルに黒い枠線（罫線といいます）がついてい
ますね。こちらに上から順番に1から10までの数字を書いてみましょう。

罫線の引き方や、数字を1から10まで一瞬で入力する方法は後述します。
本書は基礎から順番にお教えすることを目的にしていますので、今は面倒く
さいですが、1から10までの数字を書いてみてください。

▼ アドレス D2 から D11 に 1〜10 までの数字を入力する

	A	B	C	D
1	戻す			
2				1
3				2
4				3
5				4
6	<操作>			5
7	Ctrl & Z	戻す		6
8	Ctrl & Y	戻したのを戻す		7
9				8
10				9
11				10

D列に1〜10までの数字を書けたら、元に戻すショートカット[Ctrl] & [Z]
を押してみましょう。最後に書いた数字「10」が消えます。操作が1つ前に
戻ったわけです。

準備体操

高速化原則

高速選択

発展技術

高速記述・高速複製

Chapter 1 Excel 操作の原則　055

▼ Ctrl & Z で操作を1つ前に戻す

	A	B	C	D
1	戻す			
2				1
3				2
4				3
5				4
6	<操作>			5
7	Ctrl & Z	戻す		6
8	Ctrl & Y	戻したのを戻す		7
9				8
10				9
11				

1つ前の状態に戻る

　書き間違えたときや操作をやり直したいときは、Ctrl & Z をすかさず押す癖をつけましょう。慣れれば無意識に指が動くようになります。

　この Ctrl & Z は複数回実行が可能です。もう一度 Ctrl & Z を押してみましょう。さらにもう1つ前の操作に戻りますので、数字「9」が消えます。

▼ Ctrl & Z を押した回数分、操作が元に戻る

	A	B	C	D
1	戻す			
2				1
3				2
4				3
5				4
6	<操作>			5
7	Ctrl & Z	戻す		6
8	Ctrl & Y	戻したのを戻す		7
9				8
10				
11				

2回押すと、
2つ前の状態に戻る

この元に戻す操作は、「逆走」もできます。Ctrl & Y を押してみましょう。先ほど消えた「9」が復活します。これは「元に戻した操作を、取り消した」ことになります。

▼ Ctrl & Y で元に戻した操作を取り消す

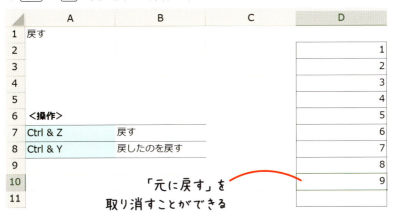

☑ 反復練習が上達の近道！反復練習のための Ctrl & Z

　さて、今お教えした Ctrl & Z は一般的には間違えた操作を元に戻すときに活用するものです。しかし、本書では一般的な使い方と少し異なる目的で、たくさん使っていただきます。
　前述したとおり、本書では同じ操作を何度も繰り返して「指が覚える」まで反復することをお願いしています。一度操作しただけでは絶対に覚えることができません。5回、10回と繰り返すことが上達の近道でしたね。
　ですので、この元に戻す Ctrl & Z を「操作の繰り返し」のために使っていただきたいのです。実行しては Ctrl & Z で元に戻し、またショートカットを実行して、Ctrl & Z で戻す。これを繰り返せば繰り返しただけ、驚くほど Excel は上達します。

Section **03** 　　[F2]でセルの中に「入り込む」

　次はセル内のデータを編集する際の基本テクニックをお教えします。

　「03_入力」シートに移動してください。シートの移動のショートカットは覚えていますか。そう、[Ctrl] & ([Fn]) & [PgDn] / [PgUp]でしたね。

　文字が入力されているセルを編集したいとき、皆さんはどのような操作をしているでしょうか。マウスでカーソルを編集したいセルまで持っていき、編集したい文字付近でダブルクリックする方が多いでしょう。しかし、この操作を面倒だと感じる方もたくさんいるはず。

　もちろん、このセルの編集もノーマウスでできます。実際に文章を編集してみましょう。「私はりんごを買いました」と書かれているセルまでキーボードの矢印で移動してください。

▼ アドレス B3まで矢印キーで移動

	A	B
1	入力	
2		
3	編集するデータ→	私はりんごを買いました
4		
5		
6	<操作>	
7	F2	セル入力状態を有効にする
8	↑	（セル内がアクティブな状態で）文頭に移動
9	↓	（セル内がアクティブな状態で）文末に移動
10	BackSpace	前の文字を消す
11	Delete	後ろの文字を消す

　この状態で、[F2]を押してみてください。すると、そのセルが編集できるモードになります（ピコピコ点滅するカーソルが出ます）。

▼ F2 でセル内を編集モードにできる

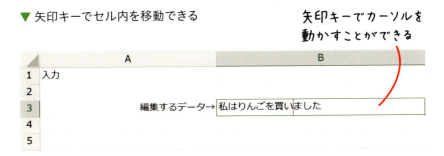

　うまくいかない人は、Fn を押しながら F2 を押すとうまくいくでしょう（Fn を押す必要がある場合についてはP30を参照）。この状態で、矢印キーを左右に押すとセルの中を自由に動くことができます。

▼ 矢印キーでセル内を移動できる

「りんご」を「みかん」に変えて、Enter を押して確定してください。マウスを使った操作よりもはるかに速くセルの編集が行えますね。

▼「りんご」を「みかん」に変更し、Enter を押す

Chapter 1 Excel 操作の原則　059

そのまま矢印キーの ↑ を押してみてください。カーソルが文頭まで一気にワープします。

▼ ↑ でカーソルを文頭までワープ

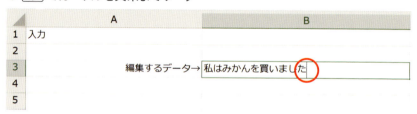

今度は、↓ を押してみましょう。カーソルは文末までワープします。

▼ ↓ でカーソルを文末までワープ

↑ は文頭へワープで ↓ は文末へワープです。左右の矢印キーを使って移動するよりも上下キーを使ったほうが編集を速く行えることが多そうですね。次に、「私」を「あなた」に変えて、「あなたはみかんを買いました」という文章に変更してみましょう。編集したい「私」という言葉は文頭にあるので、↑ で文頭にワープしたほうが速く編集できます。

文字を消すときにカーソルの左側を消すときは Back Space を押しますが、カーソルの右側を消したいときは Delete を押します。

▼ Delete 、Back Space で文字を削除

　この F2 や矢印キー、Back Space と Delete を駆使することで、驚くほどセル編集のスピードが上がります。慣れるまでは大変ですが、どうすれば一番速く目的の編集ができるか考えて操作する癖をつけましょう。

　F2 は Chapter 4「数式と関数の高速化」でも非常に多く登場します。指に覚えさせるためにも、繰り返し操作しましょう。「私」を「彼」に変えてもいいし、「りんご」を「バナナ」に変えても OK です。自由に文章を編集してみましょう。

　反復して練習し、操作方法が体に馴染んできた段階で次に進みます。

Section 04 キーボードを3回押せば、行と列を挿入できる！

「04_行列の挿入」のシートに移動してください。皆さんは普段 Excel に新しい列を増やしたいとき、「列の挿入」の操作をどのように行っているでしょうか？

▼ 挿入したい列をクリックして選択し、

	A	B	C	D
1	行列の挿入			
2				
3		a	h	o
4		b	i	p
5		c	j	q
6		d	k	r
7		e	l	s
8		f	m	t
9		g	n	u

▼ 右クリックでメニューを開いて「挿入」を選択

この操作をしている方が多いはずです。一連の動きを文章にすると、「キーボードからいったん手を離して、手をマウスに持っていき、マウスを動かして操作を行い、キーボードに手を戻す」と、かなり手間のかかる操作を行っています。この時間は非常にもったいないですね。

　実は、この「列の挿入」は、キーボードを3回押すだけでできてしまう操作なのです。実際にやってみましょう。

　C列目に列を挿入します。まず、「h」と書かれたC3セルに移動して（もちろん矢印キーで移動です）、Alt と書かれたキーを1回押して手を離してください（ちなみに Alt は、「アルト」ではなく「オルト」と読みます）。

　Ctrl 、Shift と共に、この Alt は Excel 操作のスピードアップに直結するキーです。この3つのキー無くして、"Excel スピードインパクト"は実現できません。

▼ Alt と書かれたキーを1回押して手を離す

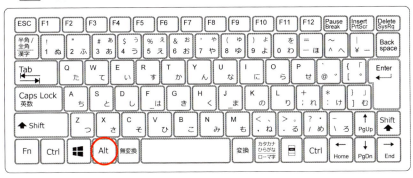

　続いて、アルファベットの I を1回押して手を離してください。最後に、アルファベットの C を1回押して手を離してください。

　すると、C列目に新しい列が挿入されます。

▼ ⌊Alt⌋ + ⌊I⌋ + ⌊C⌋ で列を挿入

	A	B	C	D
1	行列の挿入			
2				
3		a		h
4		b		i
5		c		j
6		d		k
7		e		l
8		f		m
9		g		n
10				
11				
12	<操作>			
13	Alt + I + R	行の挿入		
14	Alt + I + C	列の挿入		

⌊Alt⌋ + ⌊I⌋ + ⌊C⌋とキーボードを3回押すだけで列の挿入ができました。もう一度やってみましょう。⌊Ctrl⌋ & ⌊Z⌋で元に戻してから、⌊Alt⌋ + ⌊I⌋ + ⌊C⌋。何回も何回も繰り返して、指に覚えさせましょう。

　列の挿入のショートカットを覚えたので、続いて、行の挿入をやってみましょう。行の挿入は⌊Alt⌋ + ⌊I⌋ + ⌊R⌋です。

　⌊I⌋は「Insert（挿入する）」の⌊I⌋です。⌊C⌋は「Column（列）」の⌊C⌋、⌊R⌋は「Row（行）」の⌊R⌋です。あまり馴染みのない英単語ですが、列の挿入は Alt + Insert + Column、行の挿入は Alt + Insert + Row と覚えるとよいでしょう。

　今まで、マウスに手を伸ばしてやっていた「列の挿入」が、キーボードをたった3回押すだけでできてしまいます。マウスよりも、キーボードだけで操作したほうがはるかに速いのです。

ショートカットには、「同時押し・順番押し」の2種類がある

「列の挿入」のショートカットは Alt + I + C でした。これは「順番に押す」ショートカットでしたね。Alt を押したら手を離し、I を押して手を離し、C を押すと列を挿入することができました。

本書では、ショートカットの説明の際に「順番押し」と「同時押し」の2種類が登場します。

Alt から始まるショートカットはほとんどが、「順番押し」です。「順番押し」ショートカットの説明の際は「+」を用いて表しています。「同時押し」ショートカットは「&」を用いて表しています。

▼「&」と「+」の使い分け

& キーボードを同時に押す	+ キーボードを順番に押す
例：Ctrl & Z （元に戻す）	例：Alt + I + C （列を挿入）

この後もショートカットがいくつも出てきますが、「順番押し」なのか「同時押し」なのかは記号で区別しています。記号の意味をここでしっかり押さえておいてください。

※「&」と「+」の意味は本書特有のものです。

Section 06 ダイアログボックスを自由自在に操作する

すでにいくつかのショートカットを紹介してきましたが、ここではExcelでの操作効率をいっそう高めるスキルをお教えいたします。

Excelでは、何かの操作をするときに、新たにボックスが出てくることがよくあります。最初に出てきた F12 の「名前を付けて保存」がその例です。このボックスの中を自由に動き、操作することが上達には不可欠です。

実際に書式設定のボックスを使って練習してみましょう。「05_ダイアログボックス上の動き方」シートに移動してください。

セルに記述されている情報は大きく分けて2種類、「値」と「書式」があります。C3のセルには「ダイアログボックス上の動き方」という「値」が入っています。

それとは別に、セルには「書式」というものがあり、背景の色や文字の色、文字の大きさなどが「書式」にあたります。「書式」を変更しても「値」は変わらずそのままです。

▼ Excelのデータには、「値」と「書式」の2種類がある

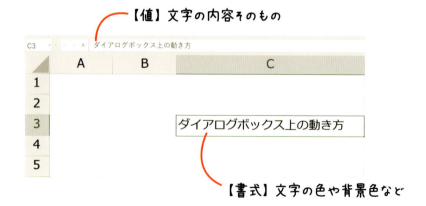

ピンとこない方がいるかもしれませんが、今から「書式」の変更を行いますので、理解を深めてください。まずは、C3のセルの文字の色を赤に変え

てみましょう。

C3のセルに移動して、Ctrl & 1 (Ctrlを押しながら数字の1) を押します。そうすると「セルの書式設定」というボックスが出てきます。

▼ Ctrl & 1で「セルの書式設定」ボックスが登場

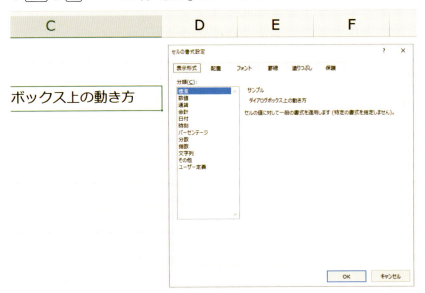

このボックスで書式のさまざまな設定ができます。ボックス内を自由に動き回る練習のため、書式設定ボックスを例に説明しますが、実際はこのボックスを使うよりも速く書式を変更する方法があります。

今はとりあえず「セルの書式設定」ボックスを使用して「ダイアログボックス上の動き方」を練習してみましょう。

本題に入る前に、このボックスの消し方を確認します。こういったボックスを消したいときはどうすれば良かったでしょうか?「嫌なことがあったら、Esc(エスケープ)!」でしたね。

▼ Escでボックスを閉じることができる

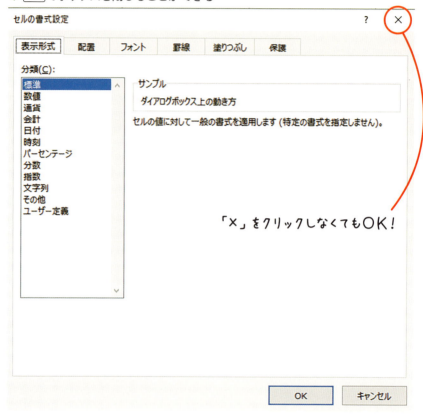

　何か困ったことが起きたとき、Escを押せばほとんどの問題は解決します。間違ってボックスが出てきてしまったときはEscで消しましょう。さて、もう一度Ctrl&1で「セルの書式設定」ボックスを出しましょう。
　まず、→を押してみてください。上のメニューが「表示形式」から「配置」に移動しました。矢印キーを左右に押すことで、メニューを切り替えることができます。

▼ [→] キーで上部のタブ（メニュー）を移動できる

| セルの書式設定 | | [→]で、タブを移動 | | ? | × |

| 表示形式 | 配置 | フォント | 罫線 | 塗りつぶし | 保護 |

文字の配置　　　　　　　　　　　　　　　　　　　　　方向

　今行いたいのは「フォントの色の変更」なのでメニューは「フォント」を選択します。

▼ メニューの「フォント」まで移動

| セルの書式設定 | | | | | ? | × |

| 表示形式 | 配置 | フォント | 罫線 | 塗りつぶし | 保護 |

フォント名(F):　　　　　　　　　　スタイル(O):　　　　　　サイズ(S):

メイリオ　　　　　　　　　　　　　　レギュラー　　　　　　　　10

UD デジタル 教科書体 N-R
Yu Gothic UI
Yu Gothic UI Light
Yu Gothic UI Semibold
Yu Gothic UI Semilight
メイリオ

レギュラー
イタリック
ボールド
ボールド イタリック

6
8
9
10
11
12

下線(U):　　　　　　　　　　　　　色(C):

なし　　　　　　　　　　　　　　　　自動　　　　　□ 標準フォント(N)

文字飾り　　　　　　　　　　　　　プレビュー

□ 取り消し線(K)
□ 上付き(E)　　　　　　　　　　　　　　　　メイリオ
□ 下付き(B)

これは TrueType フォントです。
印刷と画面表示の両方で使用されます。

　　　　　　　　　　　　　　　　　　　　OK　　　キャンセル

Chapter 1 Excel 操作の原則　069

準備体操

高速化原則

高速選択

発展技術

高速記述・高速複製

「フォント名」「スタイル」「サイズ」……などいろいろな項目がありますね。「色」の項目は現在は黒色（自動）になっています。ここを赤色に変更してOKボタンを押せば、書式の変更が完了します。直感的に ↓ を押して、項目を移動してみようとしてしまいますが、これではうまくいきません。ここがExcelのちょっとややこしいところです。Excelには「アクティブ」という概念があり、現在アクティブな範囲でしか矢印キーで移動できないのです。

現在はメニューが「アクティブ」になっており、「アクティブ」を切り替えないと次の操作に進めません。

▼ 矢印キーで移動できるのはアクティブな範囲だけ

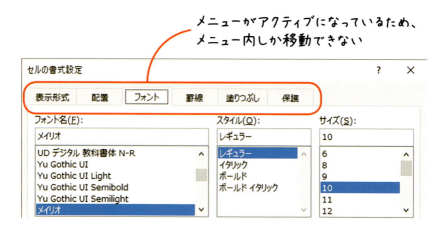

この「アクティブ」を切り替えるには、キーボードの左側にある Tab を押します。Tab を1回押すと「アクティブ」が「フォント名」に切り替わりました。

▼ Tab でアクティブを切り替えていく

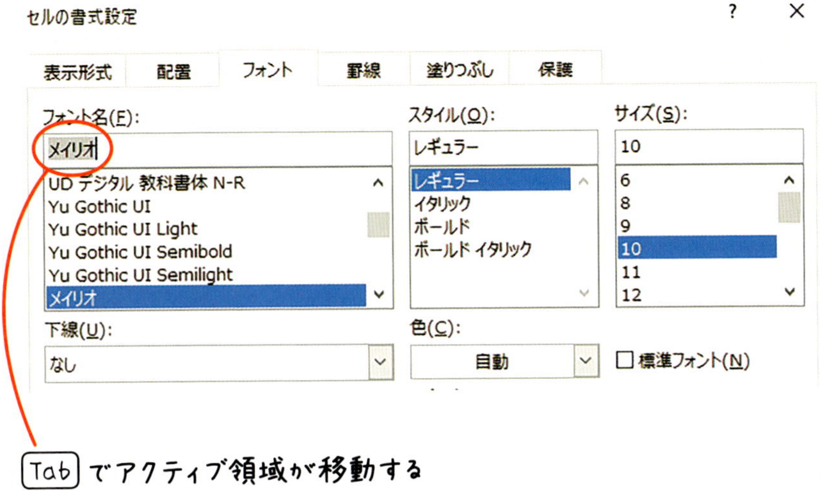

Tab でアクティブ領域が移動する

　もう一度Tabを押すと「スタイル」、もう一度押すと「サイズ」に、どんどん「アクティブ」が切り替わっていきます。

　Tabを押すと、「アクティブ」だった場所が下に潜っていくようなイメージです。

　反対方向に「アクティブ」を切り替えたいときは、Shift & Tab （Shiftを押しながらTab）を押していくと、逆に「アクティブ」を切り替えることができます。

Chapter 1 Excel 操作の原則　071

Section 07 ノーマウスでフォントの色を変える

次はフォントの色を変えましょう。Tab もしくは Shift & Tab を駆使して「色」の項目まで「アクティブ」を切り替えてください。少し見にくいですが、「自動」の周りが点線になっていれば「色」の項目が「アクティブ」になっています。

▼「色」をアクティブにする

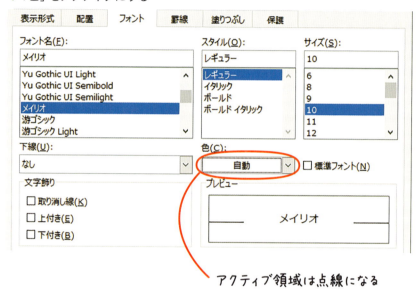

アクティブ領域は点線になる

この状態で ↓ を押すと、カラーボックスが出てきます。矢印キーで「赤色」を選択して Enter で色を確定しましょう。

▼ カラーボックスの中から矢印キーで赤色を選択して Enter

最後に、Tab をもう一度押して「OK」をアクティブにしてから Enter を押してください。これでアドレス C3 の文字色の書式が黒色から赤色に変更できました。

▼ アドレス C3 の文字色が赤色に変わった

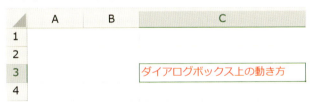

さて、今マウスなしで書式の変更を行いましたが、Tab を何度も押して「色」までアクティブを切り替えていくのは少し面倒に感じたかもしれません。この「アクティブ」の切り替えにはもう1つ方法があります。

C3 のセルが選択されている状態で、もう一度「セルの書式設定」ボックスを出しましょう。「セルの書式設定」ボックスの出し方は Ctrl & 1 でし

Chapter 1 Excel 操作の原則 073

たね。先ほどはTabで順番に「アクティブ」を切り替えましたが、操作したい項目に一瞬でワープできる方法を紹介します。

各項目名の後ろにアルファベットが書いてありますね。例えば、フォント名だったら「フォント名（F）」、色であれば「色（C）」などです。

▼ 各項目にアルファベットが記載されている

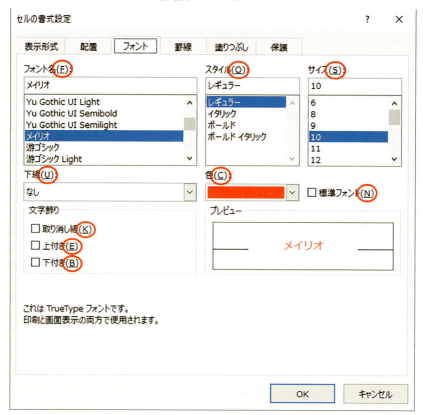

試しに、「色（C）」と書いてあるのでキーボードのCを押してみても、何も反応しません。このアルファベットが何のためにあるのか、疑問に思っ

ていた方もいらっしゃるのではないでしょうか。アルファベットだけ押しても何も変化がありませんが、実はこのアルファベットは Alt と一緒に押すことで効力を発揮します。

Alt & C （Alt を押しながら C ）を押すと一瞬で「色」項目までワープし、カラーボックスが出てきます。

▼ Alt & C でアクティブが「色」に切り替わる

Alt & C で
カラーボックスが表れる

Alt を押しながら各アルファベットを押すとその項目までワープします。これを活用することでボックス操作が飛躍的に速くなります。

試しに表示されている他のアルファベットを Alt と一緒に押して、どのようにアクティブが切り替わるか試してみてください。

Excel のボックスの項目にはほとんどこのアルファベットが書かれています。Alt を一緒に押すことでアクティブを切り替えることができるので、幅広く活用できそうですね。

カラーボックスで好きな色を選んで確定したら、Tab で OK ボタンまで「アクティブ」を切り替え、書式設定を完了しましょう。

▼ [Tab]で「OK」までアクティブを移動して[Enter]

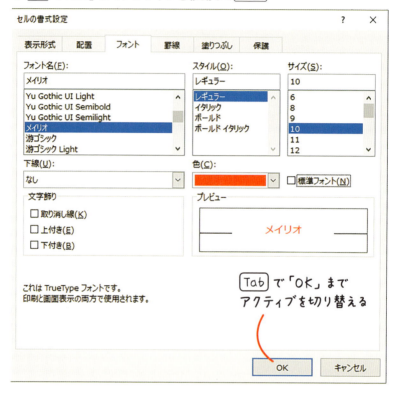

　おさらいです。ボックス内のアクティブな場所を切り替えるには、2つの方法があります。

① [Tab]でアクティブな領域を切り替える
② [Alt] & アルファベットでアクティブな領域を切り替える

　これらを使ってボックスでの操作を素早く行いましょう。

Section 08 Alt を使えば、どんな操作も1秒以内で完了！

次は、先ほど登場した Alt のさらなる活躍をお楽しみください。**「06_セルに色を塗る」** シートに移動してください。確認ですが、Alt は、キーボードの一番下の列に配列されているキーです。

Windows において、この Alt はなくてはならないキーなのですが、意外と使い方をご存じない方が多いです。開いていただいたシートのアドレス B4 〜 B6 の範囲のセルに色を塗る演習をして、Alt の使い方を学びましょう。

☑ まずはマウスでやってみる

まずはセルの塗りつぶしの機能を理解するために、マウスを使って、このセルに色を塗る練習をしましょう。

まず、アドレス B4 〜 B6 のセル範囲を選択してください。こちらは、先ほど学んだ Shift & 矢印キーを使って選択するようにしましょう（P44参照）。次ページを見てください。

Chapter 1 Excel 操作の原則 077

▼まずマウスを使ってやってみる

	A	B	C	D
1	セルに色を塗る			
2				
3		↓枠線の中のセルに色をつけてみましょう		
4				
5				
6				
7				

　この選択された3つのセルに色を塗っていきます。マウスを使っていいので、Excelの上に表示されているリボンの中から「ホーム」をクリックしてください。

▼「ホーム」をクリック

　そのあと、中央よりやや左側にあるペンキマーク、塗りつぶし色の横にある小さな▼ボタンをクリックしてください。そうすると、色を選ぶためのカラーボックスが表れます。

何色でもいいので、好きな色を選んでクリックしてみてください。例えば、水色を選ぶとセルの色が水色になります。

▼ 水色に塗ってみる

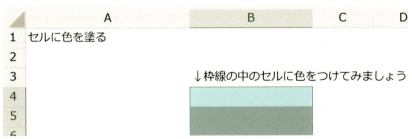

次に、今色を付けたセルの色をとって、無色の状態に戻しましょう。「ホーム」→ ペンキマークの「塗りつぶしの色」をクリックして、カラーボックスを出したあとに、「塗りつぶしなし」をクリックします。

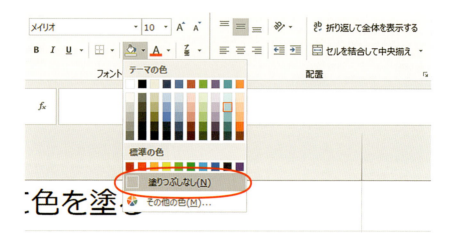

　そうすると、色を塗ったセルの色がとれます。さて、今はマウスを使ってセルに色を塗る練習をしましたが、次は Alt を使ってノーマウスで同じ操作を練習しましょう。
　まず、アドレス B4 〜 B6 が選択されているかどうかを確認してください。
　そのうえで、Alt を1回だけ押して指を離してみてください。上のリボンに、アルファベットのガイドが出てきましたね。

▼ Alt を使ってやってみる

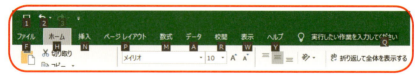

　「ホーム」のところには H と書いてあるので、キーボードの H を押して指を離してみてください。すると、「ホーム」リボンの中にいろいろなアルファベットのガイドが出てきます。

080

▼ Alt の後に H を押すと

　セルの色を塗るペンキマークには、Hと書いてあります。キーボードのHを押すと、カラーボックスが出てきますので、矢印キーで好きな色を選んでEnterを押しましょう。

　セルの色が変わります。これがAltの基本的な使い方です。Altを押すと、上のリボンにガイドが出てきますので、それに従ってキーボードを押していけばOKです。

☑ セルの色をとってみよう

　せっかくですので、セルの色をとる練習もノーマウスでやってみましょう。Alt＋H＋Hまでは一緒ですね。「塗りつぶしなし」にはNと書いてありますので、キーボードのNを押します。次のページを見てください。

Chapter 1　Excel 操作の原則　081

▼ セルの色をとってみよう

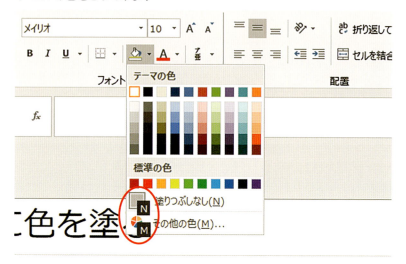

　順番に押すと、Alt ＋ H ＋ H ＋ N です。このセルに色を塗る（Alt ＋ H ＋ H ＋ 色選択）→ セルの色をとる（Alt ＋ H ＋ H ＋ N）を何回か繰り返して練習してください。慣れると、いずれも1秒以内に操作が完了できるようになります。

　この Alt を使えば、Excelのリボン上にあるすべての命令をノーマウスで行うことができます。セルの色をとる（Alt ＋ H ＋ H ＋ N）であれば、キーボードを4回押すだけ。これは、「hana（花）」「kawa（川）」「sora（空）」などの単語を書くのと同じキーボード打数ですね。

　この Alt を使ってアルファベットをたどっていく順番を指に覚えさせていけば、ほとんどの命令を1秒以内に完了することができるのです。

　ちなみに、キーボードを押し間違えて違う手順に進んでしまった場合は、Esc を押せば、1つ前の手順に戻ることができます。誤操作をしてしまったら反射的に Esc に手が伸びるようにしておきましょう。

　続いて、他のいくつかの操作も Alt を駆使して練習してみましょう。

Section 09　0.5秒で罫線を引く

　罫線も、ショートカットを使えば1秒以内に作成することができます。**「07_罫線を引く」**シートに移動してください。「*」というデータが入った領域に、罫線を引いてみましょう。

　罫線の引き方は、例えばセルの上部に引く、下部に引く、などいろいろなパターンがあるのですが、こちらでは選択した領域の全セルの上下左右、すべてに罫線を引く練習をしましょう。

　上下左右の罫線を選択範囲に引くには、「ホーム」→「罫線」→「格子」を選びます。Altを使うショートカットでは、Alt + H + B + Aになります。

▼ Alt + H + B + A で格子状に罫線を引く

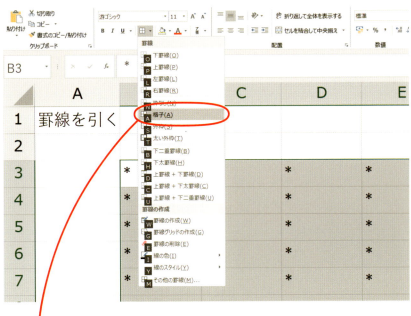

格子状の罫線を引く

Chapter 1　Excel 操作の原則　083

まず、アドレスB3〜F10の範囲を選択して、Alt + H + B + A と押してみましょう。選択された範囲に、罫線が引かれます。

▼ Alt + H + B + A で罫線を格子状に引く

	A	B	C	D	E	F
1	罫線を引く					
2						
3		*	*	*	*	*
4		*	*	*	*	*
5		*	*	*	*	*
6		*	*	*	*	*
7		*	*	*	*	*
8		*	*	*	*	*
9		*	*	*	*	*
10		*	*	*	*	*

たった4つのキーを押すだけです。慣れれば1秒もかかりません。「バッ」と一瞬で罫線が引かれますので、Alt + H + B + A （BA＝バッ）と罫線を引くと覚えましょう。他の範囲も選択して、「バッ」と罫線を引いてみてください。罫線をとりたいときは、Alt + H + B + N でできます。

Section 10 文字の配置を一瞬で変える

　次は、文字の配置を変える練習です。**「08_文字の配置を変える」**シートに移動し、アドレス C3 から C5 を見てください。いずれのセルにも文章が書いてありますが、セル内の配置が異なるのがわかります。

　上から順番に右揃え、右揃え、左揃えとなっています。「ホーム」リボンの中にある配置ボタンを押せば、配置を変えることができます。

▼ 文字の配置を変更できる

　こちらももちろん、Alt でたどっていけばショートカットで変更可能です。左揃えは Alt + H + L + 1、中央揃えは Alt + H + A + C、右揃えは Alt + H + R です。アドレス C3 〜 C5 のデータを書いてあるとおりに変更してみましょう。

※ Excel のバージョンによってショートカットが異なります。表示されたガイドどおりに順番に押していきましょう。

▼ アドレス C3 を左揃えに、C4 を中央揃えに、C5 を右揃えにする

1	文字の配置を変える
2	
3	文字を左揃えにする
4	文字を中央揃えにする
5	文字を右揃えにする

Section 11 4つのキーで ウィンドウ枠を固定する

　次にウィンドウ枠の固定機能というものをお教えします。こちらの機能はリストやテーブルなどを使って仕事をする際に、情報を見やすくしミスを減らすために非常に大切な機能です。Excel の表を作るときには必ず使ってほしい機能ですので、仕組みを解説します。

　「**09_ウィンドウ枠の固定と解除**」シートに移動してください。さて、ここには30人分のお名前と出席リストがあります。第1回〜第6回のイベントについて出席か欠席かの情報が記載されていますね。

▼ 社員の出席リスト

　この表の項目行（8行目）を見れば、第何回に出席したのか、または欠席したのかが一目でわかりますが、リストの下のほうの情報を見ようとアクティブセルを移動すると少し困ったことが起きます。

▼ リストの下のデータに移動すると、項目名がわからなくなる

	A	B	C		D	E	F	G
20		155341	岸 ○○		男	欠席	欠席	出席
21		199004	片岡 ○○		男	欠席	欠席	出席
22		105987	下村 ○○		男	欠席	出席	欠席
23		129746	高瀬 ○○		男	出席	出席	欠席
24		128336	角田 ○○		女	出席	欠席	欠席
25		196420	中川 ○○		男	出席	欠席	欠席
26		120355	秋田 ○○		女	欠席	欠席	出席
27		199032	白石 ○○		男	出席	出席	欠席
28		168312	石井 ○○		男	出席	欠席	欠席
29		100640	宮下 ○○		男	欠席	欠席	出席
30		140086	新井 ○○		男	欠席	欠席	出席

　このように、項目行が画面の外に出てしまうため、リストの下のほうにいる人の出席と欠席が、第何回目なのかがちょっと見ただけではわからなくなってしまいます。

　もちろん、左からセルを地道に数えていけば第何回の出欠情報であるかはわかりますが、数えるのは大変ですね。

　リストとは、「情報を一目でわかるように一覧化したもの」です。

　一目で、直感的に情報の意味がわかることが大切であり、毎回このような混乱があると読み取りミスにもつながりかねません。

　このように、情報が一画面に収まらないような大きなリストを扱う場合は、これからお教えする「ウィンドウ枠の固定」という機能を必ず活用するようにしましょう。

　アドレスB9のセルに移動してください。この状態で、表示 → ウィンドウ枠の固定 → ウィンドウ枠の固定を選びます。ショートカットは Alt を使うと、 Alt + W + F + F になります。

▼ Alt + W + F + F でウィンドウ枠を固定

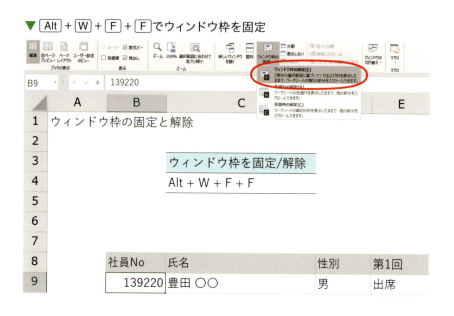

すると、アドレス B9 の左と上にウィンドウ枠を表す線が出てきましたね。

▼ ウィンドウ枠を示す線が表示される

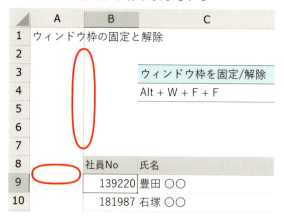

この状態でリストの下まで移動します。すると、先ほど固定したウィンドウ枠の上側（1行目～8行目）が常に画面に表示されているのがわかります。

▼ 下のデータに移動しても、項目が常に表示される

	A	B	C	D	E	F	G
1	ウィンドウ枠の固定と解除						
2							
3			ウィンドウ枠を固定/解除				
4			Alt + W + F + F				
5							
6							
7							
8	社員No	氏名		性別	第1回	第2回	第3回
23	129746	高瀬 ○○		男	出席	出席	欠席
24	128336	角田 ○○		女	出席	欠席	欠席
25	196420	中川 ○○		男	出席	欠席	欠席
26	120355	秋田 ○○		女	欠席	欠席	出席

ウィンドウ枠は、アドレスB9のセルの左側にも引かれています。右にセルを移動しても、A列が常に表示された状態になります。

7					
8		第5回	第6回	第7回	出席率
23		出席	出席		83.3%
24		欠席	出席		50.0%
25		出席	出席		66.7%
26		欠席	出席		50.0%
27		出席	出席		66.7%

このように、ウィンドウ枠は選択したセルの左側の列、上側の行の表示を固定し、アクティブセルが動いても常に表示させる役割があります。

このウィンドウ枠の固定を解除したいときのショートカットも同じです。Alt + W + F + F と押せば、ウィンドウ枠の固定が解除されます。

▼ Alt + W + F + F でウィンドウ枠の固定の解除

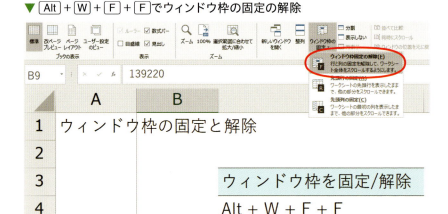

繰り返しになりますが、この機能は画面をはみ出してしまうくらいの大きなリストを使用するときは必ず使っていただきたい機能です。一目でわかる、見やすい表示を心がけましょう。Alt を使えば、さまざまな Excel 操作がかなり速くなることがわかりましたね。

Excel にはたくさんの機能がありますが、この Alt を駆使して操作をすればひとつひとつの操作はかなり速くなります。

ただし、本書の冒頭で申し上げたとおり、ショートカットをいくらたくさん覚えてもその他の基本操作が遅ければ十分な効果は得られません。

この後、Chapter 2でスピードを高めるために一番大切なテクニックである「セル選択」の技術を、Chapter 4で「数式と関数」を高速で作成・複製

する練習をしていただきます。

　今開いているファイル「01_Excel 操作の原則 _v1.0」は、 Alt ＆ F4 を押せば閉じることができます。ファイルを閉じて、Chapter 2「セル選択の10奥義」に進みましょう！

Chapter 1 Excel 操作の原則　091

Chapter **2**

セル選択の10奥義

目的

Excel の操作スピードに直結する「セル選択」の技術を習得する

身につくスキル

- 全体の範囲を一瞬で選択できる
- 限定された範囲を一瞬で選択できる
- 行・列を一瞬で選択できる
- 入力されているデータを活かして範囲選択ができる
- 選択の"始点"を切り替え自由自在に選択できる

Section 01　Excel 操作は「移動➡選択➡命令」の3工程

　このChapter 2「セル選択の10奥義」では皆さんのExcel操作を高速化するために、最も重要なことをお教えします。なぜ最も重要なのか。まずはExcel操作がどのような手順で成り立っているか説明します。

　Chapter 1で行った「3つのセルに色をつける」という操作を思い出してみましょう。セルに色を塗るときは、最初にマウスや矢印キーを使用して「色を塗りたい」と思っているセルまで移動したはずです。これが「操作①　セルへの移動」です。

　その後、色を塗りたいセルの範囲を選択します。セルの選択は Shift ＆矢印キーでしたね。これが「操作②　セルの選択」です。

　色を塗るセルを選択できたら、ここで初めて「色を塗る」という命令を出します。ここで登場したのが、 Alt ＋ H ＋ H の色を塗る操作。これが「操作③　命令」です。

▼ スピードアップの秘訣

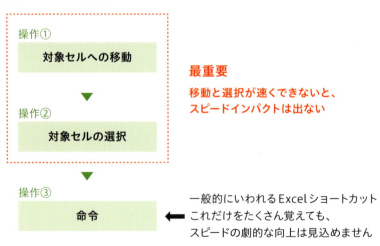

実は Excel のほとんどの操作はこの①移動 → ②選択 → ③命令の工程で成り立っているのです。一般的にショートカットといわれるものは、③命令のことを指します。例えば、セルの色を消す（ Alt ＋ H ＋ H ＋ N ）などですね。

しかし実は Excel 操作の半分を占めるのは、その前の工程である①移動と②選択なのです。このことは、Excel がかなり得意な人でも見落としているケースが多いです。

ショートカットをたとえ100個覚えようとも、1000個覚えようとも、セルの選択の操作にマウスを使っている限り、Excel 操作はなかなか速くなりません。

リスト作成やデータクレンジング（データ整理）など、Excel ではさまざまな目的で資料を作成・加工しますが、すべての操作をキーボードで行う場合、操作の約半分は「セルの移動とセルの選択」、残り半分が「命令」です。

☑ 「セル選択」を制するものは、Excel を制す

この Chapter では、最も大切なスキルである「セル選択」を徹底的に演習します。とても地味な練習になってしまいますので、Chapter 1「Excel 操作の原則」や他の章に比べると新たな発見や驚きは少ないでしょう。しかし、どんなスキルでも最も大切なのは基礎・基本です。

この Chapter 2「セル選択の10奥義」は、野球でいえば素振りの練習をひたすら行うイメージです。トレーニングを徹底的に行えば、皆さんはマウスを使って操作するよりも10倍速く Excel 操作ができるようになることを約束します。

それでは、さっそく始めましょう！

Section 02 「セル選択」の性質を正しく理解する

　本題に入る前に、「セル選択」の仕組みをお話しします。**「02_セル選択の10奥義_v1.0」ファイル**を開き、**「0_選択の性質」シート**を見てください。アドレス B3 から H14 の範囲にデータが入っていますね。まずは、アドレス B3 の「始点1」と書かれたセルに移動してください。

　選択の方法は Shift ＆ 矢印キーでしたね。アドレス B3 の「始点1」から Shift を押しながら矢印キーを使って、アドレス H14 まで選択してみましょう。ここで、Introduction で教えた"ワープ機能"のおさらい。Ctrl ＆ Shift ＆矢印キーで、ワープ選択ができましたね。もう一度「始点1」に戻ってワープ選択の動きを確認してみてください。

☑ セルの選択には必ず「始点」となるセルがある

　少しだけ新しい話をします。シートを見てください。選択範囲の領域に、「始点2」（アドレス E8）と書かれたセルがありますね。そこまで移動してみましょう。

▼「始点2」のセルまで移動する

始点1	選択範囲	選択範囲	選択範囲	選択範囲	選択範囲	選択範囲
選択範囲	選択範囲	選択範囲	選択範囲	選択範囲	選択範囲	選択範囲
選択範囲	選択範囲	選択範囲	選択範囲	選択範囲	選択範囲	選択範囲
選択範囲	選択範囲	選択範囲	選択範囲	選択範囲	選択範囲	選択範囲
選択範囲	選択範囲	選択範囲	選択範囲	選択範囲	選択範囲	選択範囲
選択範囲	選択範囲	選択範囲	始点2	選択範囲	選択範囲	選択範囲
選択範囲	選択範囲	選択範囲	選択範囲	選択範囲	選択範囲	選択範囲
選択範囲	選択範囲	選択範囲	選択範囲	選択範囲	選択範囲	選択範囲
選択範囲	選択範囲	選択範囲	選択範囲	選択範囲	選択範囲	選択範囲
選択範囲	選択範囲	選択範囲	選択範囲	選択範囲	選択範囲	選択範囲
選択範囲	選択範囲	選択範囲	選択範囲	選択範囲	選択範囲	選択範囲
選択範囲	選択範囲	選択範囲	選択範囲	選択範囲	選択範囲	選択範囲

ここでセルを選択してみましょう。Shift を押しながら、→ と ↓ を押しながら選択範囲を広げてみてください。

▼ Shift & 矢印キーでセルの選択範囲を広げる

始点1	選択範囲	選択範囲	選択範囲	選択範囲	選択範囲	選択範囲
選択範囲	選択範囲	選択範囲	選択範囲	選択範囲	選択範囲	選択範囲
選択範囲	選択範囲	選択範囲	選択範囲	選択範囲	選択範囲	選択範囲
選択範囲	選択範囲	選択範囲	選択範囲	選択範囲	選択範囲	選択範囲
選択範囲	選択範囲	選択範囲	選択範囲	選択範囲	選択範囲	選択範囲
選択範囲	選択範囲	選択範囲	始点2	選択範囲	選択範囲	選択範囲
選択範囲	選択範囲	選択範囲	選択範囲	選択範囲	選択範囲	選択範囲
選択範囲	選択範囲	選択範囲	選択範囲	選択範囲	選択範囲	選択範囲
選択範囲	選択範囲	選択範囲	選択範囲	選択範囲	選択範囲	選択範囲
選択範囲	選択範囲	選択範囲	選択範囲	選択範囲	選択範囲	選択範囲
選択範囲	選択範囲	選択範囲	選択範囲	選択範囲	選択範囲	選択範囲
選択範囲	選択範囲	選択範囲	選択範囲	選択範囲	選択範囲	選択範囲

　すると、「始点2」のセルから始まって、選択範囲が右と下に広がっていきますね。ここで意識していただきたいのは、セルの選択の「始点」はどこか、ということです。今、皆さんはアドレス E8 を始点として、セルの選択範囲を広げています。ここで、再び Shift を押しながら、← と ↑ キーを何回か押してみましょう。連続して押すと、以下のように選択範囲が変わります。

▼ 始点2から上の範囲と左の範囲を選択できる

始点1	選択範囲	選択範囲	選択範囲	選択範囲	選択範囲	選択範囲
選択範囲	選択範囲	選択範囲	選択範囲	選択範囲	選択範囲	選択範囲
選択範囲	選択範囲	選択範囲	選択範囲	選択範囲	選択範囲	選択範囲
選択範囲	選択範囲	選択範囲	選択範囲	選択範囲	選択範囲	選択範囲
選択範囲	選択範囲	選択範囲	選択範囲	選択範囲	選択範囲	選択範囲
選択範囲	選択範囲	選択範囲	始点2	選択範囲	選択範囲	選択範囲
選択範囲	選択範囲	選択範囲	選択範囲	選択範囲	選択範囲	選択範囲

Chapter 2　セル選択の10奥義　097

ここで1つイメージを持っていただくためのたとえ話をします。始点となったE8のセル、ここに画鋲が刺さっているイメージを持ってみてほしいのです。始点には画鋲が刺さっているので、この始点はずっと変わりません。その画鋲を始点として、上下左右に選択範囲を伸び縮みさせるイメージ。[Shift]を押しながら、矢印キーをいろいろと押してみて、画鋲が刺さった始点から選択範囲が変更できることを確かめてみてください。

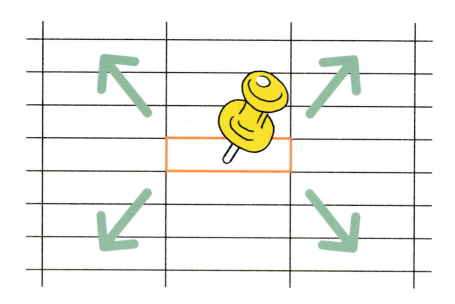

☑ セルの選択を始めたセル（画鋲が刺さったセル）を中心に、選択範囲を変更できる

　セルの選択には必ず始点（画鋲が刺さっているセル）があります。
　セルの選択は、始点となるセルから出発し、上下左右に選択範囲を変えることができます。このイメージが後の練習に役に立ちますので、この始点と選択範囲の関係を覚えておいてください。

098

奥義1 データの全選択

さて、いよいよ皆さんにExcelスピードアップで最も大切である、「セルの選択」の基本練習をしていただきます。名付けて、セル選択の10奥義です。

この基礎練習を徹底的に行えば、皆さんのExcelスピードが何倍にもなることをお約束します。

とても地道な訓練ですが、最も大切な基本動作です。必ずモノにしてください。それではさっそく最初の練習をやってみましょう。

まずは最も基本的な選択の練習をしましょう。一定の範囲に入力されたデータを一斉選択する練習です。**「奥義1＿データの全選択」**シートに移動してください。

▼ Ctrl & Shift & 矢印キーで、選択範囲を一斉に選択

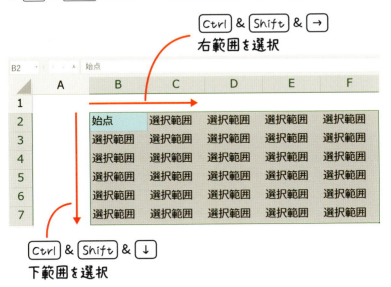

「始点」と書かれたアドレスB2のセルから始めて、B2〜F7の範囲を選択します。この練習はすでにワープ選択をご存じの皆さんには簡単ですね。

Ctrl ＆ Shift を押しながら、→ と ↓ を押せば選択できます。矢印を押す順番は、逆の ↓ と → でも大丈夫です。やりやすいほうを選んでください。

さて、この範囲が選択できたら一度選択を解除しましょう。選択を解除するには、Shift と Ctrl から手を離し、矢印キーを何か押してみてください。始点からアクティブセルが移動すると同時に、選択範囲が解除されます。

▼ 矢印キーで選択解除

選択が解除できたら、もう一度「始点」と書かれたアドレス B2 に戻ってきてください。そして、また同様の選択の練習をしましょう。

目安としては、この範囲の選択を 0.5 秒くらいでできるようになるまで繰り返してください。慣れてきたら、↓ と → をほぼ同時に押すようにしましょう。これが奥義の 1 つ目。「データの全選択」です。

奥義2 限定された範囲の選択1

次は少し別の形の選択を練習しましょう。**「奥義2_ 限定された範囲の選択1」**シートに移動してください。

先ほどと同様、アドレス B2 の始点から始めて選択しますが、一部「選択しない」と書かれたセルがあります。こちらを選択せずに、「選択範囲」と書かれたセルのみを選択する練習です。

Ctrl & Shift を押しながら、→ や ↓ を押すと「選択しない」というセルも選択してしまうはずです。データが入っているセルの端っこまでワープしてしまうためです。

▼ ワープ選択をそのまま使うと…

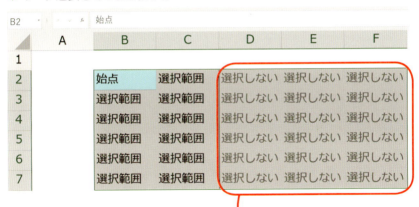

「選択しない」セルまで範囲が広がってしまう

この選択には一工夫が必要です。始点から下の範囲は Ctrl & Shift & ↓ のワープ選択で OK ですが、右に選択範囲を広げる場合はワープ選択をせずに、Shift & → で選択します。

Chapter 2 セル選択の10奥義　101

▼ 右側へ選択範囲を広げる場合は、Ctrlから指を離す

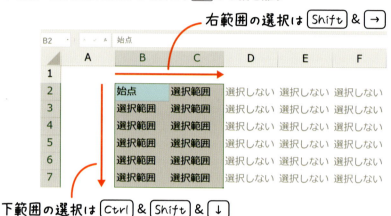

選択後は、矢印キーを押して選択を解除して、何度も繰り返してください。目安の時間は0.5秒です。

☑ 選択中に出てくる「クイック分析」機能はEscで解除しよう

このセルの選択の練習をしているときに、Excelの設定によっては「クイック分析」の吹き出しが出てくることがあります。複数範囲を選択しているときに、Ctrlを押すと以下のような吹き出しが出てきます。

▼ 複数の範囲を選択した状態で、Ctrlを押すとクイック分析が表れる

この機能は Excel 2013 から新たに加わったものです。クイックに書式を変えたり、グラフを挿入できる機能なのですが、Ctrl を誤って押してしまい、意図していないのに出てきてしまうことがあります。

　セルの選択の練習中に誤ってこの機能が出てしまったら、Esc を押せばすぐに解除できます。

　「嫌なことがあったら、Esc（エスケープ）！」は Introduction でお教えしましたね。

　とにかく意図していない画面が出てきた、間違ってダイアログボックスを出してしまった、Excel のコマンドが固まってしまった……など「嫌なこと」が起こったら Esc を何回か押せばほとんどの問題が解決されます。

　ちなみに、このクイック分析機能は Excel の設定を変えれば解除することができます。

　解除する方法は以下のとおりです。とても便利な機能なのですが、場合によっては選択のスピードを落としかねない機能なので、使用しない場合は、設定を解除してもよいでしょう。

▼ ファイルをクリック

▼オプションをクリック

▼「選択時にクイック分析オプションを表示する」のチェックを解除する

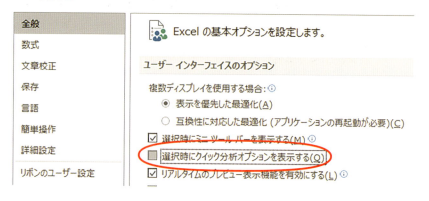

奥義3 限定された範囲の選択2

　さて、セルの選択の訓練に戻りましょう。**「奥義3_ 限定された範囲の選択2」**シートを開きましょう。次は先ほどの「限定された範囲の選択1」とは少し違うパターンの選択の練習です。

　今回の選択の練習では、さらなる一工夫が必要です。「始点」とその下の、B2～B3の範囲の選択は、単純に Shift & ↓ で選択できます。

▼ Shift & ↓ で選択範囲を下に広げる

| 始点 | 選択範囲 | 選択範囲 | 選択範囲 | 選択範囲 | 選択範囲 | 選択範囲 | 選択しない |
| 選択範囲 | 選択範囲 | 選択範囲 | 選択範囲 | 選択範囲 | 選択範囲 | 選択範囲 | 選択しない |

　問題は右範囲の選択です。順番に選択してしまうとH列まで選択するのに時間がかかってしまいますが、ワープ選択をすると「選択しない」という範囲まで選択範囲が広がってしまいます。

▼ Ctrl & Shift & → で、一番右の範囲まで選択を広げる

| 始点 | 選択範囲 | 選択範囲 | 選択範囲 | 選択範囲 | 選択範囲 | 選択範囲 | 選択しない |
| 選択範囲 | 選択範囲 | 選択範囲 | 選択範囲 | 選択範囲 | 選択範囲 | 選択範囲 | 選択しない |

「選択しない」セルまで範囲が広がってしまう

　ここで、Ctrlから指を離し、Shiftだけを押しながら、← を押してみてください。そうすると、選択を始めた始点から選択範囲が左に縮まりますので、目当ての範囲を正しく選択することができます。

このように一度ワープ選択で端っこまで選択してしまってから、選択範囲を1列分戻すのが一番速い選択方法になります。こちらも何度か繰り返して練習してください。1秒以内になるまで繰り返してください。

▼ Shift & ← で選択範囲を縮める

| 始点 | 選択範囲 | 選択範囲 | 選択範囲 | 選択範囲 | 選択範囲 | 選択範囲 | 選択しない |
| 選択範囲 | 選択範囲 | 選択範囲 | 選択範囲 | 選択範囲 | 選択範囲 | 選択範囲 | 選択しない |

1列分縮める

Section 06　奥義4　列の一斉選択

　次に、「**奥義4_列の一斉選択**」シートに移動してください。特定の列を一斉選択する方法をお教えします。

　青く塗られたC列全体を選択しようとした場合、マウスを使って列が記載されているフィールドをクリックすれば選択できますが、マウスでは時間がかかります。キーボードで選択する練習をしましょう。

　この列選択は、Excelを操作する上で頻出の操作。とてもよく使いますのでしっかりと反復して指に覚えさせてください。まずC列のどこかのセルに移動してください。C列であればどこでも構いません。

▼ C列の任意のセルに移動

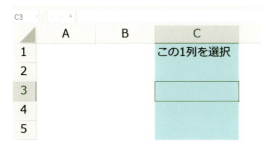

　この状態で、Ctrlを押しながらSpaceを押してみてください。

▼ [Ctrl] & [Space] で列の一斉選択ができる

　キーボードを2回押せば、列選択完了です。とても簡単ですが、この列選択はよく使うわりに忘れがち。矢印キーを押して選択を解除し、何度も繰り返してください。少なくとも10回は練習してほしいです。

　目標時間は0.3秒としましょう。たった2つのボタンを押すだけですので十分可能です。ちなみに2列を一斉に選択したい場合は、セルを [Shift] & 矢印キーで2列分選択したうえで、[Ctrl] & [Space] を押せば選択できます。2列以上の複数列も同じ方法で選択できることを知っておきましょう。

▼ 2列分のセルを、
　 [Shift] & 矢印キーで選択

▼ [Ctrl] & [Space] で
　 2列を一斉に全体選択

Section 07　奥義5　行の一斉選択

次は行の一斉選択です。**「奥義5_ 行の一斉選択」**シートに移動してください。行の選択は、ひと手間必要です。まず入力モードを半角にしてください。

行の選択は半角モードでしかできません。不便なのですが、全角ではできませんので切り替えてください。入力モードを半角にした状態で、青く塗られた3行目のどこかのセルに移動してきてください。

▼ 3行目の任意のセルに移動

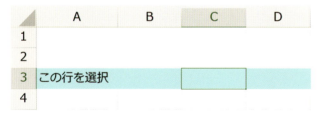

その状態で、Shift を押しながら Space を押してください。Shift ＆ Space で行選択です。

Chapter 2　セル選択の10奥義　109

▼ Shift & Space で行選択

	A	B	C	D	E	F
1						
2						
3	この行を選択					
4						

　これも矢印キーで選択を解除し、何度も繰り返してください。目標は列選択と同じく0.3秒としましょう。

　行選択は半角モードにしなければいけませんが、マウスを使うよりは圧倒的に速いので、覚えておきましょう。

　ちなみに列選択は半角モードでも全角モードでもどちらでも可能です。2行一緒に選択したいときは、列選択と同じように2行分のセルを選択して Shift & Space で OK です。

　ちなみに、この行選択は半角モードでないとうまくいかないとお話ししましたが、もし全角モードだとどのような不具合が起こるかも理解しておきましょう。

　入力モードを「全角」に切り替えて、 Shift & Space を押してみると、行選択されずに、セル内にスペースが入力されてしまいます。

▼ 全角モードだと行選択ができない

	A	B	C	D
1				
2				
3	この行を選択			
4				

このような不具合が起こっても一瞬で解除する方法があります。
「嫌なことあったら、[Esc]（エスケープ）！」ですね。[Esc]を押せば元に戻
ります。
　これは、日本語キーボード特有の現象で少し厄介なのですが、慌てずに
[Esc]で不具合を解消して、半角モードに切り替え、行選択を行いましょう。

Section 08 奥義6 全領域の選択

　次は、「全領域の選択」です。**「奥義6_全領域の選択」**シートに移動してください。
　「奥義1 データの全選択」と似たデータが入っています。「奥義1 データの全選択」では、Ctrl と Shift と矢印キーでワープ選択をして、指定された範囲を一瞬で選択する方法を学びました。
　このワープ選択で範囲選択するのとは別の方法をお教えします。
　アドレス B2～F4 の「選択範囲」と書かれたセルを1つ選択してください。「選択範囲」と書かれたセルであれば、どのセルでも大丈夫です。その状態で、Ctrl を押しながら A を押してください。そうすると、「選択範囲」と書かれた全領域が選択されました。

▼ Ctrl & A で全体の範囲を一斉選択

	A	B	C	D	E	F
1						
2		選択範囲	選択範囲	選択範囲	選択範囲	選択範囲
3		選択範囲	選択範囲	選択範囲	選択範囲	選択範囲
4		選択範囲	選択範囲	選択範囲	選択範囲	選択範囲

▼ 全部（ALL）選択なので、Ctrl & A と覚える

　この A は、All（すべて）の A です。今いるセルから連続するデータが入ったすべての領域が選択されます。このように、データが隣接しているグ

ループごとに、範囲を選択することができます。

　今度は、「選択範囲」と書かれていない、空白のセルに移動してください。上下左右にデータが隣接していないセルであればどこでもかまいません。

　その状態で、Ctrl & A と押してみると、今度はシート全体が選択されました。

▼ 隣接データが何もないセルで Ctrl & A を押すと、シート全体が選択される

	A	B	C	D	E	F	G
1							
2		選択範囲	選択範囲	選択範囲	選択範囲	選択範囲	
3		選択範囲	選択範囲	選択範囲	選択範囲	選択範囲	
4		選択範囲	選択範囲	選択範囲	選択範囲	選択範囲	
5							
6							
7							
8							
9							

　空白セルでは、データのグループがどこにあるか Excel が認識できないため、シート全体が選択されるのです。そのシートにあるすべての文字のフォントサイズを変えたりする場合に、このシート全体の選択はよく使用します。

　こちらも何度か繰り返して、全体選択の仕組みを確かめてみてください。

Chapter 2　セル選択の10奥義　113

Section 09 　奥義7　急がば回れでワープ選択1

　さて、次は本当に大切な選択の技術をお教えします。大量のデータのクレンジングなどをする際には、頻出する技術です。

「奥義7_急がば回れでワープ選択1」シートに移動してください。

「始点」と書かれたアドレスB2のセルからスタートして、「この範囲」から始まる水色の部分を選択するにはどうすればいいでしょうか。

☑ ついついやってしまうミス

① まず、アドレスB2のセルから、アドレスC2のセルに移動します
② そのあとに Ctrl & Shift & ↓ でワープ選択

　すると、意図していた水色の範囲で選択は止まらずに、選択範囲はExcelシートの一番下まで広がってしまいます。

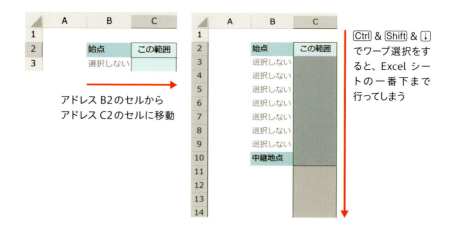

　ワープ選択は「次にデータが入っているセルまでワープする」という性質がありますので、その下に何のデータも入っていない場合は、Excelの果て、「宇宙の果て」まで飛んで行ってしまうのです。

　セルに色がついており、罫線も引いてあるので、感覚としてはうまくいき

そうに思うのですが、値が何も入っていないとワープ選択が止まってはくれないのです。このような場合、ちょっとした一工夫が必要です。

　もう一度「始点」と書かれたアドレス B2 のセルに戻ってきてください。

　正しい方法を以下に示します。最初はゆっくりでいいので、何度か練習してみてください。

☑ 正しい選択方法

① 「始点」と書かれたアドレス B2 のセルから、「中継地点」と書かれたアドレス B10 のセルまでワープする

② アドレス B10 のセルから、1つ右のアドレス C10 に移動し、Ctrl & Shift & ↑ と押して、青色の範囲をワープ選択

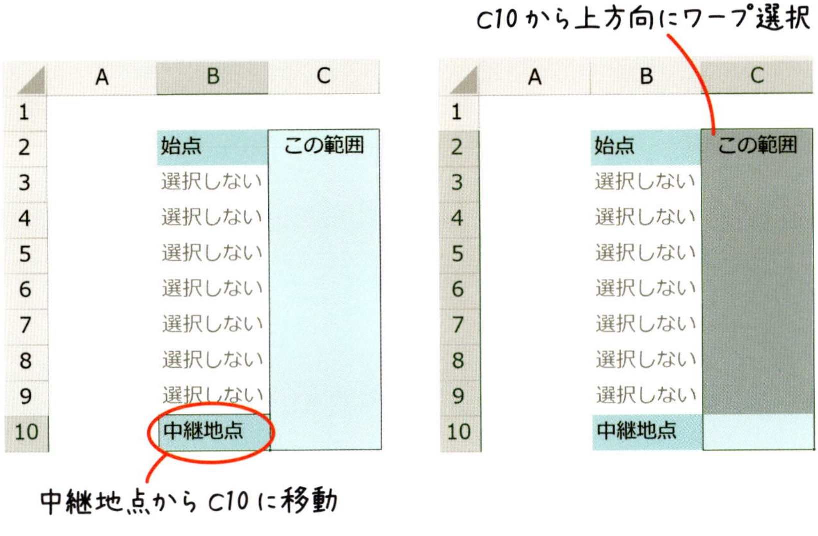

C10 から上方向にワープ選択

中継地点から C10 に移動

　この選択方法を使った練習は Chapter 4でも実施しますが、何度も繰り返してまずは0.5秒以内にできるようにしてください。

Section 10　奥義8　急がば回れでワープ選択2

　先ほど練習した選択方法と似ていますが、形が少し違うデータで練習しましょう。**「奥義8_ 急がば回れでワープ選択2」**シートに移動してください。

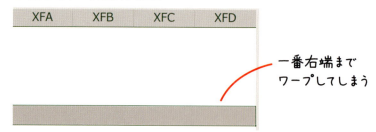

　「始点」と書かれたセルからスタートして、枠線で囲まれた部分を選択します。これもアドレスB5のセルに移動してからワープ選択をしたくなるのですが、先ほどの「奥義7_ 急がば回れでワープ選択1」と同様にデータが何も入力されていない領域のため、Excelの一番右端まで選択が進んでしまいます。

▼ B5からワープ選択すると、

一番右端まで
ワープしてしまう

　選択の手順は先ほどと同様、「中継地点」と書かれたセルを利用して選択します。とても大切な基本操作ですので、何度も繰り返して練習してください。

☑ 正しい選択方法

①「始点」と書かれたアドレスB2のセルから、アドレスB3のセルに移動する

② アドレス B3 から「中継地点」と書かれたアドレス K3 のセルまでワープする
③ アドレス K3 のセルを 2 つ下に移動し、アドレス K5 に移動し、Ctrl & Shift & ← と押して、青色の範囲をワープ選択

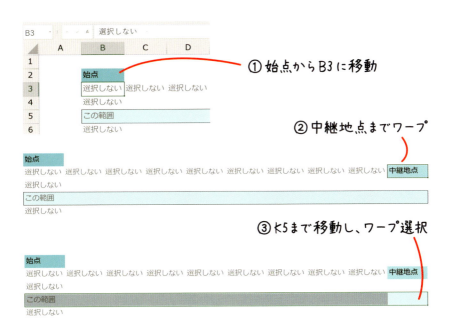

☑ 「急がば回れ」は超重要スキル

さて、今皆さんには少し特殊なセルの範囲の選択方法を練習していただきました。関数や数式をコピーするときに、そのままワープ選択をしてしまうと Excel の一番端まで選択範囲が広がってしまうため、データが入力されている部分を利用して「ぐるっと回って」選択する方法です。

感覚的な表現になってしまいますが、この選択方法を私は「急がば回れ」と呼んでいます。

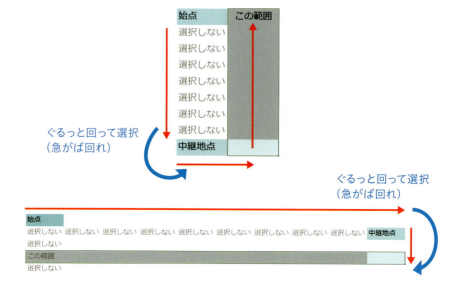

　この選択方法、ちょっと特殊な方法に見えますが、数式や関数をコピーするときなどに頻出するテクニックです。この選択方法のよいところは、データ量が10行だろうが、10万行だろうが同じスピードで選択が可能である点です。

　この方法を知っているか、知らないかでかなり作業時間に差がつきます。この「急がば回れ」の選択は、ぜひ何度も練習して"無意識に"この方法で選択できるようになるまで練習してください。Chapter 4で数式と関数をお教えしますが、その練習でもこの選択方法が必要な場面がたくさん出てきます。この「急がば回れ」の選択方法のマスターは必須です。

☑ 選択セルの始点を切り替える

　最後の2つの「奥義」に移る前に、セルの選択方法の応用テクニックを紹介します。「セルの選択始点の切り替え」シートに移動してください。

セルの選択には、選択を始める「始点」があるというお話は前にしました。まずは、「始点」と書かれているアドレス B3 のセルから枠で囲まれているアドレス G15 までの範囲を選択してください。

　今、アドレス B3 のセルから選択を始めて、複数のセルが選択されている状態です。この状態で Enter を押してみてください。すると始点が B3 のセルから、1つ下の B4 のセルに移動します。

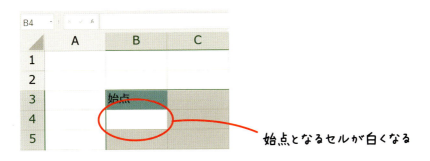

始点となるセルが白くなる

Enterを押すと、始点となるセルがどんどん下に下がり、15行目まできたときにEnterを押すと、列が隣に変更しアドレスC3のセルが始点になります。

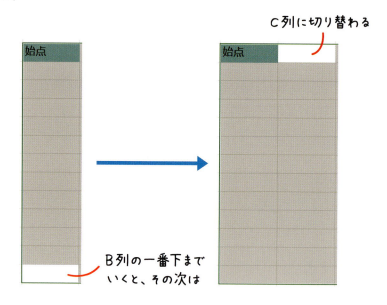

さらに、Shiftを押しながらEnterを押してください。下に下がっていた「始点」が上（逆）方向に動いていきます。

これが選択範囲の中の始点を切り替える方法です。

このテクニックをどのように使用するか、まだピンとこないかもしれません。次の2つの演習で紹介します。

Section 11 　奥義9 対角線上のデータ選択

　さて、今学んだ選択範囲の始点の切り替えを駆使して、セルの選択をする方法を学びましょう。**「奥義9_ 対角線上のデータ選択」**シートに移動してください。「ここから」と書いてあるアドレスB2のセルに移動して枠線で囲まれた範囲を選択する練習です。最初に、Shift & → を2回押してアドレスB2～D2の範囲を選択します。

　難しいのはここからです。「ここまで」と書いてあるセルまで選択しようと思い、Ctrl & Shift & ↓ を押すと意図したところで選択が止まらず、Excelの最終行まで選択されてしまいます。

▼ B2～D2の範囲を選択し、ワープすると

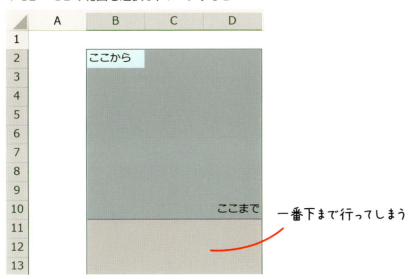

　それもそのはず。「ここから」と書いてあるセルの下のセルには何もデータが入っていないので、何のデータにもぶつからず、最後まで飛んで行ってしまうのです。セルの選択は「始点」から始まり、その始点を軸として選択範囲が決まるのでこのような現象が起こってしまいます。

ここで、うまくアドレス D10 のセルに入っている「ここまで」というデータまでワープ選択する工夫が必要です。

　もう一度矢印キーを何か押して、選択をやり直してみましょう。

　[Shift] & [→] を2回押してアドレス B2 〜 D2 の範囲を選択するところまでは一緒です。

　先ほど練習したセルの始点の切り替えのテクニックを使います。アドレス B2 〜 D2 を選択し、[Enter] を2回押すと、白く光った選択の始点がアドレス D2 まで移動します。

▼ 選択の始点となるセルを [Enter] で切り替える

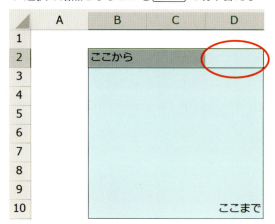

　この状態から、[Ctrl] & [Shift] & [↓] を押してみてください。

▼ アドレス D2 を起点として、アドレス D10「ここまで」までワープ選択

	A	B	C	D
1				
2		ここから		
3				
4				
5				
6				
7				
8				
9				
10				ここまで

　始点が D 列に切り替わったことにより、うまく「ここまで」というデータにぶつかり選択範囲が止まってくれます。

　この方法はややマニアックなテクニックではありますが、選択の性質を体にしみこませる練習です。何度か繰り返して感覚をつかんでください。

　さて、もう1つ工夫を加えてより効率的に選択してみましょう。もう一度、アドレス B2 〜 D2 の範囲を選択してください。

　先ほどは Enter を2回押して選択の始点を切り替えましたが、 Shift & Enter で始点の切り替えの方向が逆に進むという性質がありましたね。 Shift & Enter を1回だけ押せば、アドレス D2 のセルまで1回で進むことができます。ここから Ctrl & Shift & ↓ で「ここまで」というセルまでワープ選択をして完了です。2秒以内に範囲を選択できるようにしましょう。

Chapter 2　セル選択の10奥義　123

Section 12　奥義10 データに囲まれた領域の選択

　この Chapter 2の冒頭で説明した画鋲を用いたたとえ話、覚えていらっしゃいますか。セルの選択は、始点となるセルから始まり、上下左右に"伸び縮み"させることができる、というお話でしたね。

▼ セル選択は上下左右に"伸び縮み"させることができる

（図：グリッド上に「広げる」「始点」「縮める」と手書きされた領域の選択イメージ）

　この選択範囲を"伸び縮み"させることができる機能と、先ほどのセルの始点を切り替える方法を組み合わせて、少し複雑な選択方法を練習します。「**奥義10_ データに囲まれた領域の選択**」シートに移動してください。

　まずはアドレス B2の「始点」と書かれたセルに移動してください。今回は枠線で囲まれた、水色の範囲を選択します。

　どうすればいいかわかりますか。まずは答えを読む前にご自身で手を動かして考えてみてください。

　まずは、アドレス B2「始点」と書いてあるセルから Ctrl & Shift & → と、Ctrl & Shift & ↓ を押して領域のすべてを選択してください。

▼ 始点から全範囲を選択

	A	B	C	D	E
1					
2		始点	選択しない	選択しない	選択しない
3		選択しない			
4		選択しない			
5		選択しない			
6		選択しない			
7		選択しない			
8		選択しない			
9		選択しない			

　ここで Enter を使って、選択の始点を一番右下のアドレス E9 に移動させる作業を行います。

▼ 選択の"始点"を右下に移動

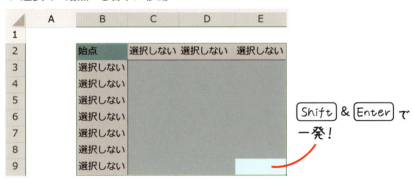

　Enter を地道に押せばたどりつけますが、時間がかかります。 Shift & Enter を押せば、1回の移動でアドレス E9 に選択の始点を移動させることができます。そして E9 に移動したところで、 Shift & → と押してください。

そうするとセルの選択範囲が右に1列分縮まります。始点から選択範囲を広げることもできるし、狭めることもできる、「選択範囲の伸び縮み」を利用したテクニックです。次に Shift & ↓ を押します。

▼ Shift & → で選択範囲を右方向に縮め、Shift & ↓ で選択範囲を下方向に縮める

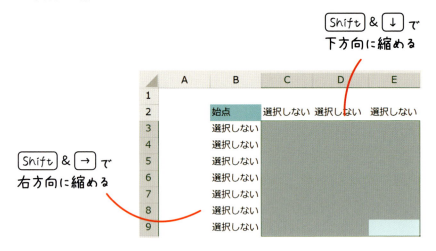

先ほどと同様に選択範囲が下に1行分狭めれらましたね。もう一度アドレスB2の「始点」に戻り、何度か練習してください。2秒以内にできることがゴールになります。

皆さんには、この Chapter 2 で「セル選択の10奥義」を練習してもらいました。

セル選択のスピードは、Excel の操作スピードにそのまま直結します。

ショートカットはこれからの章でもたくさん紹介しますが、ショートカット
で満足せずに、この「セル選択」の訓練を徹底的に反復してください。
　「セル選択」を練習すればするほど、Excelの操作スピードは劇的に向上し
ます。
　それでは、次のChapter 3でスピードを高めるための実践的テクニックを
身につけましょう。

Chapter 2　セル選択の10奥義　127

Chapter **3**

スピードアップテクニック

目的

さらなるスピードアップのため、頻出す
るテクニックを身につける

身につくスキル

- データの入力・編集を素早く行う
- 行列の挿入と削除を極める
- 列幅の自動調整のテクニックを極める
- コピー & 貼り付けを極める
- 連続データの入力を極める
- フィルター操作を極める

Section 01　セル内のデータを素早く編集する

　皆さんは、これまでウォーミングアップから Chapter 2 まで、Excel 操作の基礎ともいえるさまざまなテクニックを学んできました。あとは、知っている便利機能をどんどん増やしていくだけです。

　すべての操作の土台である基本動作についてはこれまでお伝えしてきましたが、ちょっとした工夫や知識を応用することで作業効率が高まる便利技がたくさん存在します。そのテクニックを紹介していきます。

　さて、この Chapter の最初にお教えするのは、セル内のデータの編集です。F2 を押して、セル内のデータを編集できることを学びましたね（詳しくは P58 を参照）。復習したうえで、他の技術を練習しましょう。

「03_ スピードアップテクニック_v1.0」ファイルを開き、一番左のシート「01_セル内の改行」を見てください。

　アドレス B3 に、「セル内の文字列を改行するときは、Alt & Enter を押しましょう」という文字が入っています。この文章をセル内で改行してみましょう。

▼ アドレス B3 で F2 を押し、編集モードにする

	A	B
1	セル内の改行	
2		
3	編集するデータ→	セル内の文字列を改行するときは、Alt&Enterを押しましょう
4		
5		
6	<操作>	
7	F2	セル入力状態を有効にする
8	Alt & Enter	セル内で文字列を改行

▼ ←を押して「セル内の文字列を改行するときは、」の「、」の右にカーソルを持ってくる

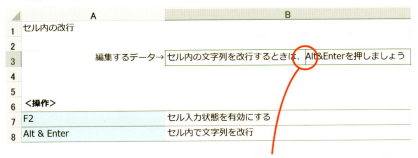

矢印キーでこの位置に移動

▼ Alt & Enterを押す

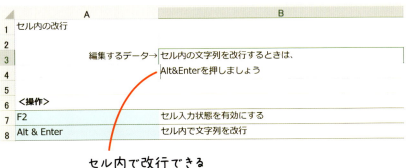

セル内で改行できる

　文字列をセル内で改行できましたね。 Alt & Enter で簡単に改行できるので覚えておきましょう！

Section 02 Enter と Tab を極める

　次はデータを連続して入力しているときのテクニックをお教えしましょう。「02_連続入力」シートに移動してください。まずはアドレス B3 〜 B12 の罫線で囲まれた範囲に、上から順番に数字データを入力していく練習をしましょう。まずは入力モードを半角にして、アドレス B3 に数字の「1」を入力しましょう。そして Enter を押せばその下のアドレス B4 のセルに移動します。

▼ 数字を入力後、Enter を押すと1つ下のセルに移動する

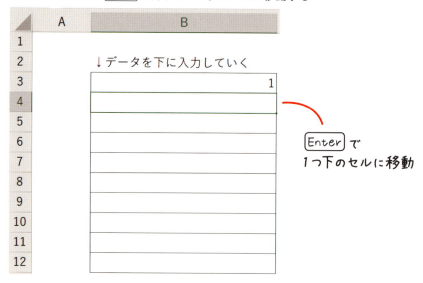

　このように上から下へ連続してデータを入力したいときは、「データ入力」→ Enter →「データ入力」→ Enter を繰り返せばスムーズに入力できるということです。数字は何でもかまいません。5でも、8でも、10でもなんでもいいので、アドレス B12 まで順番にデータを入力していきましょう。

▼ データ入力 → Enter を繰り返し、データを入力

	A	B
1		
2		↓データを下に入力していく
3		1
4		5
5		8
6		10
7		2
8		4
9		5
10		6
11		2
12		7

上から下にどんどんデータを入力できる

　上から下にデータ入力が求められる、リストの作成などでこのテクニックが使えそうですね。左から右へデータ入力していくときは、Enter でなく Tab を押していきます。アドレス D3 ～ L3 に同様に、データを入力します。

▼ データ入力 → Tab を繰り返し、データを入力

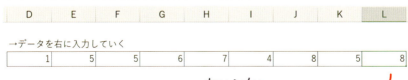

左から右にどんどんデータを入力できる

　Enter と Tab を駆使すると、スピーディにデータを入力できます。

Chapter 3 スピードアップテクニック　133

Section 03　挿入と削除を極める

　次は「挿入と削除を極める」です。グラフの挿入／削除、図形の挿入／削除など、挿入／削除に関する機能は多々ありますが、ここでは最も基本的な3つの挿入／削除を学びましょう。

① 列の挿入と削除
② 行の挿入と削除
③ シートの挿入と削除

　列の挿入と行の挿入は、Chapter 1の「Excel操作の原則」で練習しています。練習した内容を思い出し、まだ扱っていないシートの挿入・削除を覚えましょう。いずれの挿入・削除も慣れれば0.5秒で完了します。何度も手を動かして指で覚えてしまいましょう。

☑ [Alt]＋[I]＋[C]で列を挿入、[Ctrl]＆[−]で削除

　列の挿入を復習しましょう。**「03_行・列・シートの挿入と削除」**シートに移動してください。C列目に列を挿入します。まず、「h」と書かれたC3に移動し、[Alt]＋[I]＋[C]で列を挿入してください。

▼ [Alt]＋[I]＋[C]で列が挿入される

	A	B	C	D
1	行・列・シートの挿入と削除			
2				
3		a		h
4		b		i
5		c		j
6		d		k
7		e		l
8		f		m
9		g		n

同時に押すのではなく、Alt + I + C とキーボードを順番に押してください。列の挿入の覚え方は、「Alt + Insert + Column」でした。C列目に新しい列が挿入されました。

　今度は2列同時に挿入してみましょう。どの列でもいいので、Shift &矢印キーで2列分のセルを選択してください。

▼ セルを2列分選択する

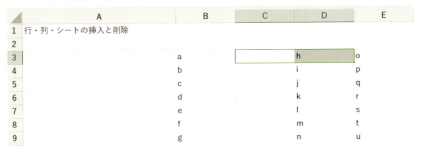

　列の挿入は同じく、Alt + I + C と押します。そうすると2列同時に挿入できました。

▼ Alt + I + C で選択した列数と同じ列数を挿入できる

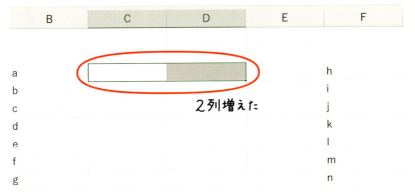

挿入したい列と同じ数のセルを選択して、[Alt]+[I]+[C]を押せば、複数の列を一気に挿入できます。

さて次は今挿入した列を削除してみましょう。まずは削除したい列を選択します。列選択の方法はChapter 2「セル選択の10奥義」で練習していますね。新しく挿入したC列のセルに移動して、[Ctrl] & [Space]と押します。

▼ [Ctrl] & [Space]で列を選択し、[Ctrl] & [-]で削除

	A	B	C	D
1	行・列・シートの挿入と削除			
2				
3		a		
4		b		
5		c		
6		d		
7		e		
8		f		
9		g		

[Ctrl] & [-]を押します。この操作で選択した列を削除することができます。削除したい（減らしたい）ので、「-（マイナス）」と直感的に覚えやすいです。もう1つの列の削除方法もお教えします。矢印キーを押して、列選択を解除してください。

今度は、[Ctrl] & [Space]で列選択をせずに[Ctrl] & [-]を押してください。そうすると「削除」という名前のボックスが出てきます。

▼ Ctrl & - で削除ボックスを出す

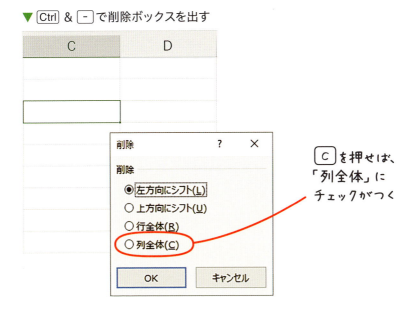

4つのコマンドがありますが、今回は列を削除したいため、「列全体（C）」と書かれたところにチェックをつけます。そのまま C を押せばチェックがつきます。

このまま Enter を押せば OK です。これで列が削除されましたね。複数の列を一気に削除したいときは、削除したい列分のセルを選択してこの操作をすれば OK です。

Section 04 $\boxed{Alt}$ + $\boxed{I}$ + $\boxed{R}$ で行を挿入、$\boxed{Ctrl}$ & $\boxed{-}$ で削除

続いて、行の挿入です。行の挿入は$\boxed{Alt}$ + $\boxed{I}$ + $\boxed{R}$で、覚え方は「Alt + Insert + Row」です。アドレスB3の「a」と書かれたセルに移動してください。

	A	B	C
1	行・列・シートの挿入と削除		
2			
3		a	h
4		b	i

ここで、$\boxed{Alt}$ + $\boxed{I}$ + $\boxed{R}$と押すと行が挿入されます。列の挿入と同様、キーボードを同時に押すのではなく順番に押すようにしましょう。

▼ $\boxed{Alt}$ + $\boxed{I}$ + $\boxed{R}$ で行を挿入

	A	B	C
1	行・列・シートの挿入と削除		
2			
3			
4		a	h
5		b	i

2行同時に挿入したいときのやり方も列の挿入と一緒です。2行分のセルを選択したあと、$\boxed{Alt}$ + $\boxed{I}$ + $\boxed{R}$と押せば2行一緒に挿入されます。こちらも列と同じように2種類の削除の方法をお教えします。

☑ ① 行全体を選択してから、$\boxed{Ctrl}$ & $\boxed{-}$ で削除する

まず。削除したい行を選択してから削除する練習をしましょう。行の一斉

選択は Shift を押しながら Space キーを押します。

　ただし、注意点がありました。こちらの操作は半角モードでないと動作しません。入力モードを半角にしてから Shift ＆ Space を押してみましょう。

▼ Shift ＆ Space で行全体を選択（入力モードは半角のみ）

	A	B	C
1	行・列・シートの挿入と削除		
2			
3			
4		a	h
5		b	i

　この状態で、 Ctrl ＆ - を押すと行が削除できます。

▼ Ctrl ＆ - で行を削除

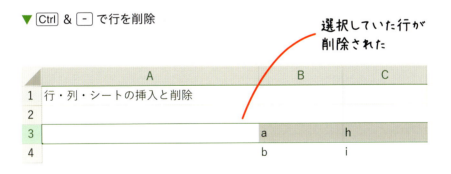

選択していた行が削除された

	A	B	C
1	行・列・シートの挿入と削除		
2			
3		a	h
4		b	i

　行の選択は半角モードに切り替える作業があるため、意外と時間のロスも大きいです。次にお教えする方法のほうがスムーズにできますので、こちらの方法を理解したら次に進みましょう。

☑ ② Ctrl & - で削除ボックスを出して削除する

　行の一斉選択をせずに行を削除する方法です。こちらは、先ほど列の削除で練習した手順と同じです。Ctrlを押しながら「-（マイナス）」を押すと「削除」ボックスが登場します。
　削除したいのは行全体ですので、Rを押してからEnterを押しましょう。

▼ R を押して、「行全体 (R)」にチェック

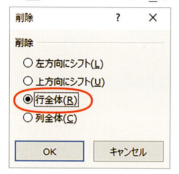

　これで行全体が削除されました。列の削除と同様、複数行を一気に削除したいときは複数行分のセルを選択してこの操作を行います。

Section 05　0.5秒でシートを挿入

　さて、基本となる挿入・削除のスキルでこれまで扱っていなかったシートの挿入・削除を練習しましょう。

　新しいシートを挿入するとき、皆さんはこれまでシート名のところまでマウスでカーソルを持っていき右クリックなどをしていたかもしれませんが、こちらはショートカットで0.5秒で実行可能です。シートを挿入するショートカットは下記のとおりです。

　Alt + I + Wで新しいシートを増やすことができます。覚え方は「Alt + Insert（挿入する）+ Worksheet（シート）」です。押してみると、今見ているシートの左側に新しいシートが増えます。

▼ Alt + I + W で新しいシートを挿入

　何回も押すと、操作の回数だけシートが増えていきます。

Section 06　0.5秒でシートを削除

さて、今度は今増やしたシートを削除しましょう。シートの削除のショートカットは、Alt + E + L です。

```
Alt + E + L    シートの削除
```

これは、シートの挿入（Alt + I + W）と同様に、キーボードを順番に押すショートカットだということに注意してください。Alt + E + L の順番で押すと今増やしたシートが消えていきますね。

☑ シートの削除の注意点

ここで注意してほしいことがあります。シートの削除については、セルの削除やセル内のデータの削除と違い、**一度シートを消してしまうと Ctrl & Z などの操作で元に戻すことができない**ということです。

データが入っているシート（「03_行列シートの挿入と削除」シートなど）で、Alt + E + L （シートの削除）を行おうとすると、本当に削除するかどうかの警告文が表れます。

▼ シート削除時に警告文が表示される

ここで Enter を押してしまうと本当にシートが削除されてしまうので注意してください。「キャンセル」ボタンを選ぶか、Esc で戻ることができます。

　繰り返しになりますが、**一度シートを削除してしまうと Ctrl & Z などで元に戻すことができません**。大切なデータを消してしまわないように注意してください。

　万が一、誤ってシートを消してしまったときは、一つだけ救出方法があります。

　それは、ファイルを「保存せずに」閉じることです。Ctrl & W または Alt & F4 でファイルを閉じると、保存して閉じるかどうかのガイドが表れますので、こちらで「保存しない」を選び、閉じてください。

▼ Ctrl & W 、または Alt & F4 で保存せずに閉じる

　もう一度ファイルを開くとシートが削除される前の状態に戻っているはずです。ただし、それまでに未保存の編集内容はすべて消えてしまいますので、シートの削除は注意深く行うことをお勧めします。

Section 07 列幅の調整を極める

　次は、Execl作業で頻出する列幅の調整を押さえておきましょう。「04_列幅を調整する」シートに移動してください。

　アドレスB3～B4にいろいろな文章が書いてありますが、B4がB列の列幅内に収まらず、文字が飛び出してしまっています。Excelを普段使われている方は、B列の右端をマウスでダブルクリックして列幅を調整する方法をご存じかもしれません。

▼ ダブルクリックで列幅を自動調整

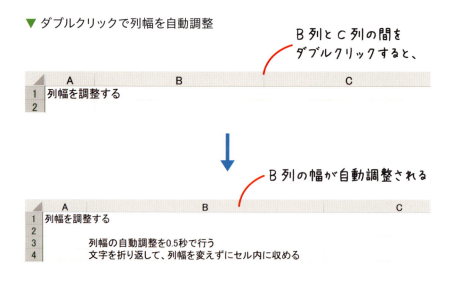

　この方法も便利なのですが、マウスを持っていくのに時間がかかってしまいます。ショートカットで自動調整する方法を覚えましょう。列幅の自動調整は、ホーム→書式→列の幅の自動調整で行うことができます。

　こちらをショートカットでたどっていけば、[Alt]+[H]+[O]+[I]になります。アドレスB3を選択して押してみてください。記入されている文章の幅に合わせて列幅が自動調整されましたね。

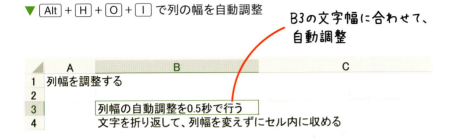

このショートカットは覚えやすい語呂合わせがあります。「オルトホイ（Alt + H + O + I）」です。「ホイ！」と一瞬で列幅を調整する感覚で覚えてください。

☑ ノーマウスで素早く調整する

　先ほどマウスでダブルクリックして列幅を自動調整する方法をお話ししましたが、この操作は、B列上にあるすべてのデータの中から、最も文字数が多いデータを探し、そのセルに合わせて自動調整を行うものです。

　仕事で使うデータはときには何千行、何万行に及ぶこともありますので、すべてのデータの中から一番長いデータを探すのは非常に大変です。

　そのときは、

① まず列全体を選択して、
② Alt + H + O + I で列幅を自動調整

　この方法でできます。実際にやってみましょう。まずは①から。Ctrl & Space でB列を一斉選択してください。

▼ Ctrl & Space でB列を一斉選択し、Alt + H + O + I で列幅を調整

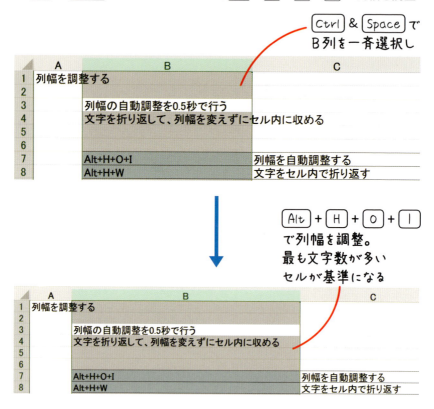

　B列のデータの中で最も文字数が多いデータは、アドレスB4の「文字を折り返して、列幅を変えずにセル内に収める」ですので、そのセルに合わせて列幅が自動調整されました。

　この一連の操作は非常によく使用する操作です。Ctrl & Z で戻って何度も繰り返し、指に覚えさせてしまいましょう。

　また、Alt + H + W というショートカットで、列幅を変えずに文字を折り返すことができます。こちらも何度も練習してください。

Section 08 コピーと貼り付けを極める

　次はコピー＆貼り付けの応用を学びます。ここで復習です。コピー＆貼り付けには、3つの操作ポイントがありました。

---

① コピーしたセルは Enter で貼り付けることができ、Enter で貼り付けた場合、コピーモードは解除される

② Ctrl & V はコピーモード（緑色のうねうねとした線）が続くので、何度でも貼り付けができる

③ コピーモード（緑色のうねうねとした線）は Esc で解除できる

　再確認ですが、前提としてセルの貼り付けは「コピーモード（緑色のうねうねとした線）」が発動していないとうまくいかない、ということです。

　コピーと貼り付けの操作をお教えしていると、「誤操作でコピーモードが解除されている」にもかかわらず、貼り付けをしようとしてうまくいかない、という状況をよく目にします。操作をしてうまくいかないときはまず「コピーモードが生きているか？」を確認するようにしてください。

　では、コピーと貼り付けの応用に進みましょう。

☑ 形式を選択して貼り付け

「**05_コピー＆ペーストを極める（値貼り付け）**」シートに移動してください。
まずはアドレス A3 のセルを Ctrl & C でコピーしましょう。

▼ Ctrl & C でアドレス A3 をコピー

	A	B
1	形式を選択して貼り付け(値貼り付け)	
2		
3	コピー元のセル　　　　　　　　　←コピー元	
4		

Chapter 3 スピードアップテクニック　147

この状態で任意のセル上で Ctrl & V を押せば貼り付けができますが、貼り付け先の書式を変えたくないときは「値のみ貼り付けたい」ものです。また、「書式のみ貼り付けたい」こともあります。このようなときに活躍するのが、「形式を選択して貼り付け」機能です。

　代表的なショートカットを2つお教えします。アドレス A3 がコピーモードになっている状態で、以下のどちらかの操作をしてみてください。

① Alt ＋ E ＋ S （順番に押す）
② Ctrl & Alt & V （同時に押す）

　そうすると「形式を選択して貼り付け」ボックスが表れます。

▼ Alt ＋ E ＋ S 、または Ctrl & Alt & V でボックスを出す

ここでは貼り付け方法を選択することができます。例えば、「V」とありますので V を押すと、「値（V）」の場所にチェックがつきますね。

▼ V を押して「値（V）」にチェックをつける

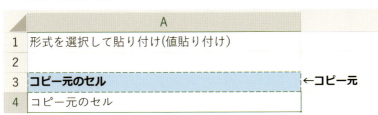

　このまま Enter を押すと、選択されたセルにコピーしたセルの値のみが貼り付けられます。

▼ Alt + E + S + V + Enter 、または Ctrl & Alt & V + V + Enter で値のみ貼り付け

	A
1	形式を選択して貼り付け(値貼り付け)
2	
3	コピー元のセル　　　　　　　　　←コピー元
4	コピー元のセル

　こちらの値貼り付けは頻出する操作ですので、何度か手を動かして練習してください。慣れれば1秒以内で値貼り付けが可能です。

Chapter 3　スピードアップテクニック　149

Section 09 書式のみ貼り付けを マスターする

　次は、書式のみを貼り付ける方法をお教えします。「06_コピー&ペーストを極める（書式貼り付け）」シートに移動してください。
　まずは、アドレスA3のコピー元のセルを Ctrl & C でコピーしてください。
　空白のセルに移動して、書式のみを貼り付けましょう。「形式を選択して貼り付け」ボックスを出す方法は先ほどと一緒です。

▼ 貼り付けボックスを出し、T を押す

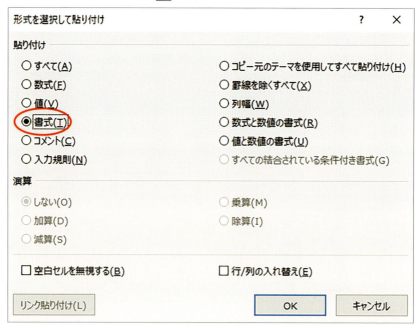

　今回は書式のみ貼り付けですので、「書式（T）」にチェックをつけます。T を押して、Enter を押してください。

▼ 書式のみが貼り付けられる

	A	B	C
1	形式を選択して貼り付け(書式貼り付け)		
2			
3	コピー元のセル	←コピー元	

　書式のみが貼り付けられました。ためしに、「貼り付け先」と入力してみましょう。コピー元の書式と同じ、黒色の太文字で表示されることが確認できますね。

▼ 書式が貼り付けられているため、文字を入力すると黒色の太文字になる

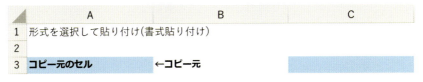

　こちらの書式貼り付けも、大変用途が多い機能です。例えば、アドレスG3～N11に社員別の出席率に関するリストがありますが、このリスト全体をコピーして空白セルに貼り付けると、表のデザインをそのまま貼り付けることができます。

▼ Alt + E + S + T + Enter で表のデザイン（書式）のみをコピーできる

デザインのみコピー！

　このように、元の書式のデザインをそのままコピーしたいときに重宝する操作です。

Section 10 行列を入れ替えて、わかりやすい表を作る

　次は、行列を入れ替えて貼り付けをする方法をお教えします。簡単にいうと、横並びのデータを縦並びにする、逆に縦に並んでいるデータを横並びにする貼り付け方法です。

「07_コピー＆ペーストを極める（行列を入れ替えて貼り付け）」シートに移動してください。

　アドレス E4 から Q5 に月ごとの売上についての表が並んでいます。こちらの表をすべてコピーして、行列を入れ替えてアドレス E7 に貼り付けてみましょう。

▼ 表をコピーしてアドレス E7 に移動

E	F	G	H	I	J	K	L	M	N	O	P	Q

月	1	2	3	4	5	6	7	8	9	10	11	12
売上（円）	2,637,799	3,787,088	2,352,069	3,274,448	3,590,353	3,473,797	1,920,095	2,120,411	1,415,030	1,995,266	1,313,885	1,012,412

　ここで、「形式を選択して貼り付け」ボックスを出します。ボックスの一番右下に、「行 / 列の入れ替え（E）」とあります。Eを押してチェックを付けて、Enterを押してください。

▼ Eを押して「行 / 列の入れ替え（E）」にチェック

演算
- ⦿ しない(O)
- ○ 加算(D)
- ○ 減算(S)
- ○ 乗算(M)
- ○ 除算(I)

□ 空白セルを無視する(B)　　☑ 行/列の入れ替え(E)

リンク貼り付け(L)　　OK　　キャンセル

Chapter 3 スピードアップテクニック　153

すると、横に並んでいた表が縦に入れ替わって貼り付けられましたね。行を列に、列を行に入れ替えるわけなので、縦と横が入れ替わるのです。

▼ 行と列が入れ替わって貼り付けられる

	E	F	G	H

月	1	2	3
売上（円）	2,637,799	3,787,088	2,352,069

月	売上（円）
1	2,637,799
2	3,787,088
3	2,352,069
4	3,274,448
5	3,590,353
6	3,473,797
7	1,920,095
8	2,120,411
9	1,415,030
10	1,995,266
11	1,313,885
12	1,012,412

横並びの表が、縦並びの表に変わる

　さて、横並びの表と今貼り付けた縦並びの表、どちらが見やすく感じますか。印刷などのレイアウトにもよりますが、縦並びの表のほうが一覧として把握しやすくないですか。

　これには、Excel の文字列や数字が初期設定では縦書きでなくて横書きであるため、横にとにかく長い表よりも、縦に長い表のほうが認知しやすいという事情があります。

あまりにもデータ量が多く、一覧でデータ全体を把握しにくい場合などに役に立つ機能です。

　他にも「形式を選択して貼り付け」にはさまざまな貼り付け方法があります。ぜひいろいろと試してみて、役に立ちそうな操作を見つけてください。

Section 11 連続データの入力を極める

　次は連続データの入力のショートカットをお教えしましょう。連続データとは、以下のような連続する数字などが並んだデータのことをいいます。

▼ 連続データの例

	A	B	C	D
1				
2		数字	日付	曜日
3		1		
4		2		
5		3		
6		4		
7		5		
8		6		
9		7		
10		8		
11		9		
12		10		

　もちろん地道に1つずつ数字を入力していけば作成できますが、それではあまりにも時間がかかってしまいます。マウスでドラッグしてオートフィルという機能を使うこともできますが、時間がかかりますのでショートカットで一瞬で操作する練習をしましょう。

　「08_連続データの入力」シートに移動しましょう。B3のセルに「1」という数字が入っています。アドレスB12までに1～10の数字を入力しましょう。まず、連続データを入力したい範囲を選択します。アドレスB3 ～ B12を選択してください。

▼ 連続データを入力したい範囲を選択

	A	B	C	D
1				
2		数字	日付	曜日
3		1		
4				
5				
6				
7				
8				
9				
10				
11				
12				

　この状態で、Alt + E + I + S と押してみてください。「連続データ」というボックスが登場しました。

▼ Alt + E + I + S で連続データボックスを出す

連続データ　　　　　　　　　　?　✕

範囲
○ 行(R)
◉ 列(C)

種類
◉ 加算(L)
○ 乗算(G)
○ 日付(D)
○ オートフィル(F)

増加単位
◉ 日(A)
○ 週日(W)
○ 月(M)
○ 年(Y)

☐ データ予測(T)

増分値(S): 1　　停止値(O):

OK　　キャンセル

初期設定で増分値が「1」と入っていますね。これは、数字を1つずつ増やしていくという意味です。この状態で Enter を押すと、選択した範囲に数字が1つずつ増えた連続データができあがります。

▼ 連続データが入力される

	A	B	C	D
1				
2		数字	日付	曜日
3		1		
4		2		
5		3		
6		4		
7		5		
8		6		
9		7		
10		8		
11		9		
12		10		

　こちらの Alt + E + I + S は覚え方があります。E（ええ感じで）、I（1個ずつ）、S（数字を増やす）です。

「いい感じ」ではなく「ええ感じ」というところがポイントで、関西弁で話しているイメージを持ってください。ばかばかしいと思う方もいらっしゃるかもしれませんが、ぜひ声に出して覚えてみてください。

Section 12 「本日の日付」を一瞬で入力

　さて、この Alt + E + I + S は、数字だけでなく日付も1日ずつ増やすことができます。アドレス C3 にこの本をお読みになっている今日の日付を入力してみてください。直接入力してもいいですが、「本日の日付」を入力するショートカットをお教えしましょう。「本日の日付」は Ctrl & ; で書けます。Ctrl を押しながら ; を押してみましょう。

▼ Ctrl & ; で本日の日付を入力

	A	B	C	D
1				
2		数字	日付	曜日
3		1	2019/9/9	
4				

　さて、次はアドレス C3 から C12 の範囲を選択して、Alt + E + I + S + Enter と押しましょう。日付の連続データが作成されました。

▼ Alt + E + I + S + Enter で、日付の連続データが作成される

	A	B	C	D
1				
2		数字	日付	曜日
3		1	2019/9/9	
4			2019/9/10	
5			2019/9/11	
6			2019/9/12	
7			2019/9/13	
8			2019/9/14	
9			2019/9/15	
10			2019/9/16	
11			2019/9/17	
12			2019/9/18	

　Excelに日付や数字の連続データを入力することはとても多いので、ぜひこのショートカットを覚えましょう。
　次は、曜日の連続データです。アドレスD3に今日の曜日を入力してください。例えば今日が月曜日なら、「月」、または「月曜日」と入力します。

▼ 今日の曜日を入力

	A	B	C	D
1				
2		数字	日付	曜日
3		1	2019/9/9	月

　そしてアドレスD3からD12の範囲を選択します。この状態で Alt + E + I + S + Enter を押すとうまくいきそうなものですが、何も起こりません。

なぜうまくいかないのでしょうか。この連続データのコマンドの性質をお話しします。

　Alt + E + I + S を押すと、連続データのボックスが出てきます。初期設定で、「増分値」に1が入っているため、何も設定しなくても Enter を押すだけで数字や日付が1つずつ増えていきます。

　しかし、曜日データについては数字や日付のように「1つずつ増分させる」ことができません。そもそもデータの概念が違うのです。

　曜日を使う際は、「種類」の中にある「オートフィル」にチェックをつけます。初期設定では、増分値のところがアクティブになっているため、アクティブを「オートフィル」に切り替える必要があります。

▼ 曜日の連続入力は「オートフィル（F）」にチェックをつける

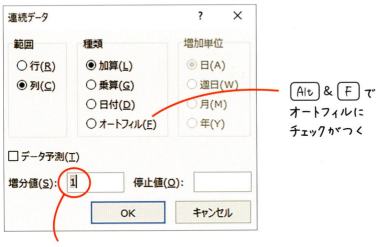

　「オートフィル（F）」があります。Alt と一緒に押すと、アクティブを切り替えることができるのでしたね。Alt を押しながら F を押すと、「オートフィル」にチェックがつきます。

これで準備が完了です。 Enter を押しましょう。曜日を連続データで入力することができました。

▼ 曜日の連続データが入力される

	A	B	C	D
1				
2		数字	日付	曜日
3		1	2019/9/9	月
4			2019/9/10	火
5			2019/9/11	水
6			2019/9/12	木
7			2019/9/13	金
8			2019/9/14	土
9			2019/9/15	日
10			2019/9/16	月
11			2019/9/17	火
12			2019/9/18	水

　日付と曜日の連続入力は、とてもよく使う操作です。こちらも繰り返して操作を行い覚えてしまいましょう。

Section 13 フィルター操作の基本を学ぶ

　次に、オートフィルターによるデータのソートと並べ替えを練習しましょう。**「09_フィルター操作」** シートに移動してください。

　メーカー別の商品価格表のサンプルデータがあります。オートフィルターという機能を利用して、こちらのデータの並べ替えや抽出の練習をします。

	A	B	C	D
1	フィルター操作			
2				
3		メーカー名	種類	サイズ
4		メーカーD	Tシャツ	L
5		メーカーD	ポロシャツ	S
6		メーカーC	ジャケット	SS
7		メーカーB	ジャケット	M
8		メーカーE	コート	S
9		メーカーC	コート	L
10		メーカーB	Tシャツ	S
11		メーカーA	Tシャツ	3L
12		メーカーD	ジャケット	SS
13		メーカーE	ジャケット	M
14		メーカーB	ジャケット	L

　まずはデータの並べ替え・抽出をするためにオートフィルターをつけましょう。リストの中の任意のセル（リストのセルであればどこでもかまいません）を選択した状態で、リボンの「データ」→「フィルター」を選んでください。

　こちらも Alt を使ったショートカットがあります。Alt + A + T 、または Alt + A + T + 2 と押しましょう（Excel のバージョンによって異なるのでお使いの Excel で表示されるガイドどおりに操作してください）。

　すると、リストの先頭行にオートフィルターの選択コマンドが付与されます。

Chapter 3 スピードアップテクニック　163

▼ Alt + A + T 、または Alt + A + T + 2 でオートフィルターをつける

これがオートフィルター

　こちらのオートフィルターを解除したいときも操作は同様です。もう一度、Alt + A + T 、または Alt + A + T + 2 と押すとオートフィルターを外すことができます。

☑ データを抽出する

　では、さっそくオートフィルターを使ってデータを抽出していきましょう。オートフィルターの▼印をマウスでクリックすれば、メニューを開くことができますが、スピーディに操作を行うためにショートカットで練習してみましょう。普段マウスで操作されている方も一度ショートカットで試してみましょう。

　まずはアドレスB3に移動してください。オートフィルターのメニューを開くには、Altを押しながら、↓を押します。こちらは順番に押すのではなく、Altと↓を同時に押すので注意してください。

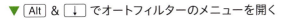

▼ Alt & ↓ でオートフィルターのメニューを開く

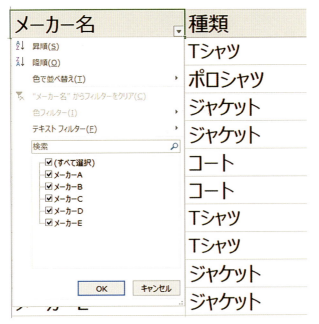

　このまま ↓ を押すと、それぞれの項目に移動できます。 ↑ を押すと逆方向に移動ができます。まず、リストの中から、「メーカー A」のみを抽出して表示させる練習をしましょう。

　 ↑ と ↓ を使って、「(すべて選択)」の項目まで移動してください。今、「(すべて選択)」にチェックがついているので、すべてのメーカーが表示されています。まずはこちらのチェックを外しましょう。

　チェックの付け外しは、 Ctrl & Space で行うことができます。実は、入力モードが半角の場合は Space のみでも付け外しが可能なのですが、入力モードが全角か半角かを確認するのも手間ですので、 Ctrl & Space でチェックの付け外しをする習慣をつけましょう。

▼ Ctrl & Space で「(すべて選択)」のチェックを外し、「メーカー A」にチェック

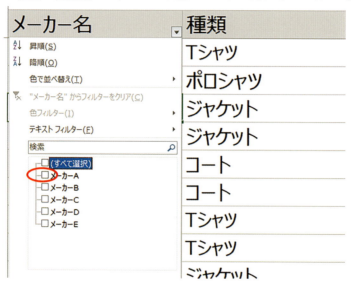

そのまま、↓で「メーカー A」まで移動して、Ctrl & Space でチェックをつけてください。チェックがついたら Enter を押しましょう。

▼ メーカーAのみが抽出される

	A	B	C	D
1	フィルター操作			
2				
3		メーカー名	種類	サイズ
11		メーカーA	Tシャツ	3L
17		メーカーA	Tシャツ	M
31		メーカーA	Tシャツ	S
34		メーカーA		3L
37		メーカーA	ポロシャツ	SS
40		メーカーA	ポロシャツ	M
53		メーカーA	ポロシャツ	M
57		メーカーA	ポロシャツ	L
60		メーカーA	ジャケット	S
68		メーカーA	コート	M

　データの中から「メーカーA」のみが抽出され、表示されました。この
チェックは複数の項目につけることができますので、例えば「メーカーA」、
「メーカーC」の2種類のデータを表示することも可能です。

　さて、この抽出を解除してもう一度すべてのデータを表示するには、もう
一度「(すべて選択)」にチェックをつけてもよいのですが、よりスピーディ
に行うためのショートカットを覚えましょう。

　リボンの「データ」→「クリア」を押すと、オートフィルターでかけてい
る抽出が解除されます。こちらも Alt を使ってショートカットできます。
Alt + A + C 、または Alt + A + C + 2 で抽出を解除できます。

　抽出を解除できたら、ほかのメーカーの抽出もして何度も練習してみま
しょう。オートフィルターによるデータの抽出はよく使う操作です。何度も
練習してスピーディな操作を身体に叩き込んでください。

Section 14 データを素早く並び替える

　次は、データの並べ替えです。昇順、降順に並べ替える方法をショートカットで練習してみましょう。アドレスE3の「価格（円）」のセルまで移動して、[Alt] & [↓]でメニューを出しましょう。

▼ [Alt] & [↓] でメニューを表示

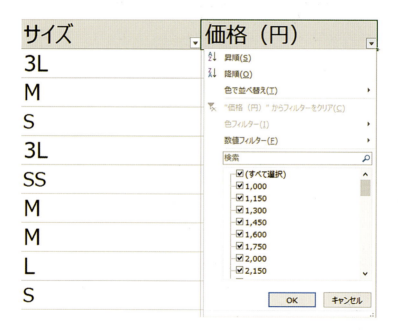

　メニューの中に「昇順(S)」と「降順(O)」があります。矢印キーで移動して[Enter]で選んで押していただいても、[S]または[O]を押していただいてもどちらでもいいです。

▼ 昇順を選ぶと数値が小さい順にデータが並べ替えられる

D	E
サイズ	**価格（円）**
SS	1,000
SS	1,000
SS	1,000
SS	1,000
SS	1,000
SS	1,000
S	1,150
S	1,150
S	1,150
S	1,150
S	1,150

　昇順を選ぶと数字は「1、2、3、4、5」のように小さい順に、降順を選ぶと「5、4、3、2、1」のように大きい順に並べ替えられます。

Section 15 テキストフィルターを活用する

　フィルター操作の最後にテキストフィルターという大変便利な機能を紹介します。[Alt] & [↓]でフィルターのメニューを表示すると、テキストフィルターというコマンドが出てきます。

　このテキストフィルターは、直接データを入力することで目当てのデータを抽出できるすぐれものです。アドレス C3 の「種類」のセルまで移動して、[Alt] & [↓]でメニューを出しましょう。

▼ テキストフィルターでデータを抽出する

　例えば、[Alt] & [↓]でフィルターのメニューを出したのちに、[F] → [E]と押すと「オートフィルターオプション」というダイアログボックスが表れます。

▼ Alt & ↓ + F + E で「指定の値に等しい」データを検索できる

オートフィルター オプション		?	×
抽出条件の指定： 　種類			
		∨	と等しい ∨
● AND(A)　○ OR(O)			
		∨	∨
? を使って、任意の 1 文字を表すことができます。 * を使って、任意の文字列を表すことができます。		OK	キャンセル

　ここに抽出したいデータを入力して Enter を押すとそのデータが表示されます。データの種類がたくさんあり、目視でフィルターメニューから探すのに時間がかかるときなどに便利です。

　ただ、「指定の値に等しい」抽出をするときに、一番使用頻度の高い使い方は空白セルの抽出です。何もデータが入っていないセルのみ抽出してデータを入力するときなどに重宝します。

　このオートフィルターオプションを出したあとに、何も入力せずに Enter を押すのみです。1秒もかかりません。試しに、C 列の「種類」の項目で Alt & ↓ でオートフィルターのメニューを出し、F + E + Enter と押してください。

▼ Alt & ↓ + F + E + Enter で空白セルのみ表示

メーカー名	種類	サイズ
メーカーA		3L
メーカーE		3L
メーカーD		S
メーカーC		SS
メーカーA		L
メーカーC		SS
メーカーB		LL
メーカーE		LL
メーカーE		M

Chapter 3　スピードアップテクニック　171

慣れるととても速くすむので、何度か繰り返して練習してください。また、このテキストフィルター機能を使うと「キーワード抽出」も可能です。テキストフィルターの中に「指定の値を含む（A）」というメニューがあります。こちらは、Alt ＆ ↓ ＋ F ＋ A で出すことが可能です。

▼「指定の値を含む」を使いこなす

「シャツ」と入力して[Enter]を押してください。

[Enter]を押すと「シャツ」という言葉が含まれているデータのみ抽出されます。特定のキーワードで検索してデータを調べるときや、データクレンジングをするときにとても便利な機能です。

▼「シャツ」という言葉を含むセルのみ抽出された

メーカー名	種類	サイズ
メーカーD	Tシャツ	L
メーカーD	ポロシャツ	S
メーカーB	Tシャツ	S
メーカーA	Tシャツ	3L
メーカーC	Tシャツ	3L
メーカーA	Tシャツ	M
メーカーE	ポロシャツ	LL
メーカーE	Tシャツ	LL
メーカーE	ポロシャツ	SS
メーカーB	Tシャツ	M
メーカーD	ポロシャツ	L
メーカーC	ポロシャツ	L

皆さんはこのChapterでスピードアップに直結するテクニックを学びました。くどいようですが、読んで終わりではなく、何度も何度も練習し、「無意識レベル」のスキルを身につけてください。

Chapter 4

数式と関数の高速化

目的

データ量が何万行あっても、関数の記述と複製を10秒以内に完了できるスキルを身につける

身につくスキル

- 数式と関数を瞬時に点検できる（数式と関数を読む）

- 数式と関数を高速記述するための4つのスキルを体得する（数式と関数を書く）

- 数式と関数を高速複製するための5つのスキルを体得する（数式と関数を増やす）

- COUNTIF 関数と VLOOKUP 関数を高速で記述・複製できるようになる

Section 01 3つのスキルと2つの関数を極める

　Chapter 4「数式と関数の高速化」では、いよいよ数式と関数の高速記述と高速複製の方法を学びます。「データ量が何万行あっても、関数の記述と複製を10秒以内に完了できるスキルを身につける」のが目的です。

　まず数式と関数を「読む」「書く」「増やす」スキルを身につけましょう。

- 読むスキル
  - → 数式や関数が正しいかどうかを瞬時に点検する
- 書くスキル
  - → 数式や関数を高速で記述する。特に、基本関数は0.5秒で記述する
- 増やすスキル
  - → データが何万行あっても、一瞬で数式や関数を複製する

「書く」「増やす」に関してはスピードを高めるためにはさまざまなポイントがありますが、これも他の書籍などにはあまり書かれていないことです。関数の作成方法には定石があり、下記のようなテクニックをお伝えします。

- 関数は直接入力で記述する
- 代表的な関数はショートカットを覚えてしまう
- 「セルの移動」と「セルの選択」の技術を駆使してセルの参照を行う
- 複製のためのセルの「移動と選択」方法、ショートカットをマスターする

「読む」「書く」「増やす」スキルが身についたところで、汎用性が高く、あらゆるシーンで活躍するCOUNTIF関数とVLOOKUP関数を学びます。次ページに、本章で学ぶことを整理しました。頭の片隅に置きながら、読み進めてください。

▼ 本章で学ぶこと

【読む】
数式と関数を瞬時に点検する

【書く】
数式と関数を高速記述する

【増やす】
数式と関数を高速複製する

数式や関数の
基礎スキルを身につける！

COUNTIF関数とVLOOKUP関数の
高速記述・高速複製

……… 汎用性が高く、
あらゆるシーンで活躍する
COUNTIF関数と
VLOOKUP関数を学ぶ！

**データ量が何万行あっても、
関数の記述と複製が10秒以内にできる！**

……… **ゴール**

Section 02 【読む】セルの参照機能は、すべての数式・関数の基本

　実際に数式と関数の記述のポイントに行く前に、まずは点検を瞬時にできるようになりましょう。「書く」練習よりも先に、「読む」練習から始めます。

　まず、セルの参照機能についてお話ししておきましょう。

　セルの参照機能とは、数式や関数を記述する際に、セルのアドレスを指定することをいいます。セルの参照機能を利用すると、1つのセルの値を複数の数式で利用したり、参照したセルの値の変更を自動的に数式にも反映させたりすることができます。「04_数式と関数の高速化_v1.0」のファイルを開き、「00_セルの参照（例）」シートを見てください。以下のような方法でセルのアドレスを参照して数式や関数を記述できます。

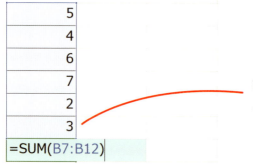

③セルの参照機能を使ったSUMIF関数

F8〜F16の範囲から、I8に書かれている「りんご」を探し出し、G8〜G16の範囲の合計を求めるSUMIF関数

　多くの数式・関数は、このセルの参照機能を使って記述します。数式や関数を記述する際には頻出の方法になるため、この参照機能をいかにスピーディに使えるかが重要になります。セルの参照をスピーディに行うためには、Chapter 2で練習した「セル選択」や、Ctrlを使った"ワープ移動"の技術をフル活用して記述することがポイントです。

　まずは、この参照機能の性質を理解するためにセルの参照先をチェックする練習から始めましょう。

　いま開いている「04_数式と関数の高速化_v1.0」はこのChapterで新しく使うファイルですので、名前を変えて保存しておいてください。

　さて、「01_セルの参照」シートに移動してください。アドレスD2〜D5、F2〜F5の範囲に「参照元」と書かれたデータが入っています。

しかし、実はこの8つのデータのうち、本物の「参照元」は2つだけです。矢印キーで移動して、アドレスD2まで行ってください。画面上部の「数式バー」に「参照元」と表示されます。これは、「参照元」という値が入力されているということです。

▼ アドレスD2には「参照元」という値が入力されている

	A	B	C	D
1	セルの参照			
2				参照元

　続いてアドレスD3に移動してみると表記が少し異なるのがわかります。

▼ セルには「参照元」と書いてあるのに？

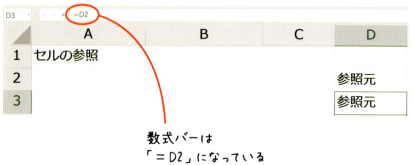

▼ これがこのデータの正体。本当の「参照元」は2つだけ

D	E	F

参照元		参照元
=D2		=F2
=D2		=F2
=D2		=F2

「＝D2」という情報が入力されています。「＝セル番号」でそのセルに書かれている値を表示するため、セルの見た目は「参照元」になるわけです。それぞれの列の下の3つは「＝セル番号」でセルを参照しています。

Section 03 【読む】F2でセルに入力された数式や関数の正体を確かめる

「＝セル番号」でセルの参照ができることを学びました。大切なのはここからです。これから皆さんには数式や関数をたくさん書いてもらいます。式を書いてエラーが出たときは、セルにどのような式が入っているかを確認しなければいけません。

先ほどのように、式が書いてあるセルに移動して、画面の上の「数式バー」を見ればいいのですが、もっと便利でわかりやすいチェック方法があります。

先ほどと同じシート「01_セルの参照」を見てください。ここで、「＝D2」の式が入っている、アドレス D3 のセルに移動したうえで、F2 を押してみてください。

▼ F2 で参照の中身が一目でわかる

すると、中の式が編集モードになり、青色のガイド付きでどこを参照しているか見えるようになりました。

F2 については、Chapter 1 でセルの値を編集する際のショートカットとしてお教えしましたね。F2 を押すことでセルが編集モードになり、編集を行いやすいように Excel が色付きの参照先ガイドを表示してくれます。

アドレス D12 に行って F2 を押してみましょう。ここには、D8、D9、D10 を参照した、「＝D8 ＋ D9 ＋ D10（＝5 ＋ 10 ＋ 15）」という式が入っているのですが、それぞれ青色、赤色、紫色のガイドが出てどのセルを参照し

ているかわかるように表示してくれます。

▼ F2 で、参照先が色付きでわかりやすく表示される

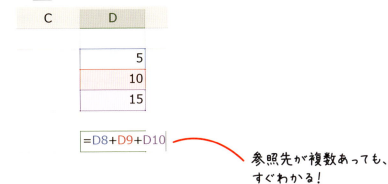

Section 04 【書く】「参照時のアクティブ」の概念を理解する

　数式や関数を「書く」練習を始めましょう。まずは、アドレスを参照する練習から。「参照時のアクティブ」の概念を正しく理解することでスムーズな記述が可能になります。「参照時のアクティブ？」と思われるかもしれません。ここは手を動かしながら説明したほうがわかりやすいです。

☑ セルの参照は、矢印キーで移動して行う

　では、「02_計算式」シートに移動してください。ここでは、簡単な四則演算をしながらセルの参照の練習をします。Excelで計算式や関数を記述するときは入力モードを半角にする必要がありますので、キーボードの入力モードを半角にしてください。
　Excelで四則演算（足し算、引き算、掛け算、割り算）をする場合は、以下の演算子を使います。

足し算 +　　　引き算 −　　　掛け算 *　　　割り算 /

　まずは、足し算を記述して練習してみましょう。数式や関数を書くときは、必ず最初に「＝」を書いて始めます。青く塗ってあるセル（アドレスC8）の上に1から5の数字が並んでいます。これらの数字を使って、「1＋3＋5」を記述してみましょう。

☑ セルの参照は矢印キーで、スピーディに

　計算式でのセルの参照も、もちろんノーマウスで行います。実際に手を動かしながら練習してみましょう。まずは、青く塗ってあるセル（アドレスC8）に「＝」と書いてください。

▼ セルの参照をやってみる

	A	B	C
1	計算式の入力		
2			
3		値1	1
4		値2	2
5		値3	3
6		値4	4
7		値5	5
8		計算式	=

①C8に「=」を記入
②矢印キーを押すと、
③参照先を選べる

値5	5
計算式	=C7

　そうすると、セルの移動をしながら参照先を指定することができます。ためしに、矢印キーを上下左右に動かしてみてください。自由に参照先を探すことができるのを確認できます。ここで、矢印キーを使ってアドレスC3の「1」と書かれたセルまで行きましょう。

▼ 参照先をアドレスC3に設定

値1	1
値2	2
値3	3
値4	4
値5	5
計算式	=C3

　「=C3」と入力できました。「=1」まで記述できた状態です。次に、「+」を入力してみましょう。

Chapter 4　数式と関数の高速化　185

▼「＋」と入力

値4	4
値5	5
計算式	=C3＋

　さて、今回記述したい式は、「＝1＋3＋5」ですので、次は3まで矢印キーで移動してみましょう。ここで1つ注意点があります。

　皆さんは、「今、1と書かれたアドレスC3のセルにいるので、アクティブなセルはアドレスC3である」という感覚があるのではないでしょうか。

　ですので、アドレスC5のセルに行こうと、つい↓を押してしまうのではないでしょうか。しかし、実は「＋」と記述した時点でアクティブセルはC8に戻っているのです。ここは↑を押すのが正解です。

　この性質が先ほど言いました「参照時のアクティブ」の性質です。ちょっとしたことなのですが、これを理解していないと数式や関数を書くときに無駄な移動ミスが増え、時間をロスしてしまうのです。この仕組みはしっかりと理解してください。↑を押して、「3」と書かれたセルに移動したあとは、また「＋」と書きます。

▼ 参照アドレスを指定して、「＋」と入力

値1	1
値2	2
値3	3
値4	4
値5	5
計算式	=C3＋C5＋

186

次は、「5」と書かれたアドレス C7 に移動します。ここも、先ほどと同じで $\boxed{\downarrow}$ ではなく、$\boxed{\uparrow}$ を押すのが正解です。

値5	5
計算式	=C3+C5+C7

記述ができたら $\boxed{\text{Enter}}$ を押します。1＋3＋5の合計である「9」が表示されます。この式の参照の移動は、アクティブセルの移り変わりの感覚をつかむことが最も大切です。式が書けたら消して、何回か同じ式を練習してみてください。

☑ 式の参照移動もワープを使おう

さて、「1＋3＋5」を参照入力で記述できましたが、セルの移動には"ワープ"という機能がありましたね。式を記述するときのセルの参照も、ワープが使えます。今回は、アドレス B3 の「1」まで移動する際にデータが連続しているので、「＝」と書いたあとに、$\boxed{\text{Ctrl}}$ を押しながら $\boxed{\uparrow}$ を2回押すとワープして移動することができます。

ワープを活かした参照を何度か練習してください。ワープ機能を駆使する習慣が非常に大切になります。これからさまざまな数式や関数を書く練習をしていきますが、「ワープで移動や選択ができるところは必ずワープする」ということを意識して練習してください。

今は足し算で練習しましたが、引き算・掛け算・割り算もそれぞれ練習しましょう。

Chapter 4 数式と関数の高速化　187

Section 05 【書く】F2を駆使して参照先を変更する

次は、数式や関数の参照先を変更する練習をします。

☑ 記述した計算式を編集する

「03_計算式の編集」シートに移動してください。ここでは、一度書いた計算式を編集して参照先を変更する練習をします。

まずは、アドレスB3のセルに先ほどと同様、「1＋3＋5」の式を書いてみましょう。今回、参照先は、少し離れた場所に点在しています。これらの参照はすべてワープで移動できるので、数字が入っているセルをぴょんぴょんと飛び回るイメージで式を記述してみてください。

▼ Ctrl ＆ 矢印で、ワープ機能を駆使しながらアドレスを参照する

	A	B	C	D
1	F2で計算式を編集する			
2				参照元
3	式を入力→	=D3+D5		1
4				
5				3
6				
7				5

さて式が書けたら Enter を押しましょう。合計の「9」という数字が表示されます。

今から、この計算式の参照先を変更します。Chapter 1でやりましたが、セルに入っている値を編集するときは、F2 を押してセルの中に入って編集します。忘れてしまった方はP54を参照してください。アドレスB3のセルに移動して、F2 を押してみてください。

188

▼ F2 でセル内を参照する

	A	B
1	F2で計算式を編集する	
2		
3	式を入力→	=D3+D5+D7

　そうすると、セルの中の式を見ることができ、カーソルがピコピコ点滅していますね。今、セルには「＝D3 + D5 + D7」という式が入っています。真ん中にある D5 を F5 に変更して、「1 + 3 + 5」という式を「1 + 9 + 5」に変更しましょう。

　最初に、←を押してカーソルを D5 まで持っていき、Back Space や Delete で D5 という文字を削除してください。

　そうすると＋と＋の間でカーソルが点滅している状態になります。さて、問題はここからです。ここから、アドレス F5 に移動しようと矢印キーを押してみると困ったことが起こります。

▼ セルから移動できない

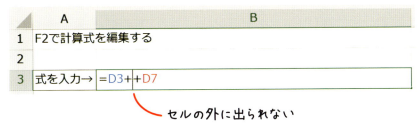

　セルの外に出られず、セルの中でしか移動できないはずです。いわば、「セルの中に閉じ込められてしまっている」状態です。

F2でセルの中を編集してしまうと、セルの中の編集モードになってしまうため、外に飛び出していくことができなくなるのです。ついついイライラしてマウスを使いたくなってしまうのですが、焦る必要はありません。

　まず、カーソルをもう一度＋と＋の間に持ってきてください。この状態でもう一度 F2 を押します。そして、矢印キーを押してみてください。セルの外に飛び出すことができ、自由に外のセルを参照できるはずです。ここで、アドレス F5 まで移動して Enter を押すと計算式の変更は完了です。

▼ F2 でセルの外に"脱出"できる

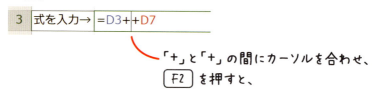

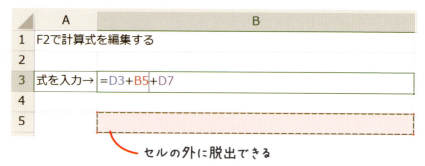

　セルの中に入るのも F2 ですが、セルの外に飛び出すのも F2 です。「セルの中に閉じ込められてしまう」という現象は、計算式や関数を書くときに、よく起こります。また、逆にセル内を移動したいのにセルの外に飛び出していってしまうこともあります。

　この現象が起こるとちょっと混乱してしまうのですが、仕組みを理解しておけば困ることはありません。

Section 06 【書く】関数はセルに直接入力

☑ スピーディに記述するために「関数の挿入」ボタンは使用しない

「04_基本関数」シートに移動してください。関数をスピーディに書くことに挑戦する場合、使わないほうがよい機能があります。それは、数式バーの左側にある「関数の挿入」機能です。

▼ ƒx マークの「関数の挿入」機能は使わない

この「関数の挿入」では記述したい関数を選んで記述できるのですが、基本的にマウスを使った操作が前提になり、目当ての関数を探す作業自体に時間がかかってしまいます。これで関数を書くとスピードが出ないため、使用はお勧めできません。

データ分析のプロはどうするかというと、「セルに直接関数を記述する」という方法をとります。今、この「関数の挿入」ボタンを使って関数を書いている方は、一度やり方をリセットしてよりスピーディに関数を記述できるスキルを身につけましょう。

☑ SUM関数を直接入力で記述しよう

では、最もポピュラーな関数であるSUM関数で関数の高速記述を練習しましょう。アドレスB9のセルに、数値の合計を求めるSUM関数を記述し

ます。

　まずアドレスB9のセルに「=SUM(」と書きます。関数も計算式と同様、入力モードは半角です。全角になっている場合は、半角に切り替えてください。

▼ =SUM(と記述する

　さて、この「(」以降は、合計したい数値の範囲を指定します。矢印キーを押すと、参照先を探すためにセルの外に飛び出すことができますので、Shift & 矢印キーで、アドレスB3〜B8、1〜6の数字が書かれた範囲を選択します。

▼ 合計したい範囲のセルを選択する

	1
	2
	3
	4
	5
	6
=SUM(B3:B8)	

　最後に、「)」"かっことじる"を記載し、Enterを押すと、1〜6の数字の合計である「21」が表示されます。

B
1
2
3
4
5
6
21

☑ 記述はすべて小文字でもOK

　意外と知られていないことなのですが、関数名の記述はすべて小文字でも大丈夫です。普段関数を使っている方の中には、「Excelの関数は大文字で書かないといけない」というイメージをお持ちの方もいるでしょうが、小文字でもかまいません。

Section 07 【書く】"かっことじる"は省略

☑ さらにスピーディに SUM 関数を書く方法

先ほど SUM 関数を書いたアドレス B9 のセルに再度、「＝SUM(」と記述してみてください。そのあとは合計する範囲の指定ですが、皆さんはもうすでに「ワープ選択」の方法をご存じのはず。先ほどは Shift と矢印キーで選択してもらいましたが、Ctrl と組み合わせて、ワープ選択したほうが速いですね。

さて、ワープ選択で範囲を選択したあとですが、先ほどは「)」"かっことじる"を書いて関数を完成させましたね。今回は、その「)」"かっことじる"を書かずに Enter を押してみましょう。そうするとちゃんと合計の「21」という数字が表示されます。

▼) を省略しても、合計の数値が求められる

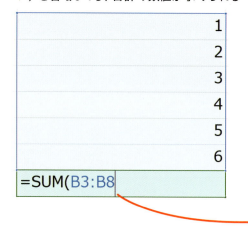

この状態で Enter を押しても OK！

ためしに、F2 を押して式の中身を見てみると、先ほど「)」"かっことじる"を書かなかったにもかかわらず、ちゃんと「＝SUM(B3:B8)」という式が表示されています。

Excelの関数は、すべて「＝関数名（範囲や条件など）」という構造で作成します。どの関数も、「)」"かっことじる"で終わりますが、これは書かなくても自動的に補完してくれます。

0.1秒でも早く関数を記述することにこだわるなら、最後の「)」"かっことじる"は書かなくてもいいのです。細かい話ですが、本気でスピードに挑むならこのような工夫もできるとよいでしょう。

Section 08 【書く】ショートカットでSUM関数を0.5秒で記述

さて、これまでは「数式と関数を高速記述する4つのポイント」を踏まえながら、SUM関数を練習してきました。多くの関数は、「セルに直接入力」して記述しますが、一部の関数では Alt を活用したショートカットで記述したほうが効率的である場合もあります。

関数はタブとリボンを使っても書くことができるので、Alt を使ってショートカットで書いてみましょう。

☑ Alt + M + U + S + Enter で SUM関数を0.5秒で記述できる

アドレスB9を選択した状態で、「数式」→「オートSUM」→「合計」に進み、Enter を押すとSUM関数が入力されます。Alt を使用するときは、Alt + M + U + S + Enter の順番でキーを押すことになります。

▼ Alt + M + U + S + Enter で一発！

合計範囲として自動的にアドレスB3～B8が選択されます。SUM関数を記述するセルに合わせて、「ここの合計をすればよいでしょうか？」と

Excelが候補を出してくれるのです。もし意図する範囲と違ったら、範囲選択の場所を手動で変えればOKです。こちらも慣れるとSUM関数を記述するのに1秒もかかりません。何度も繰り返して指に覚えさせてください。

ショートカットの覚え方ですが、Alt + M + U + S + Enter の M + U + S は、偶然にもSUMを逆から読んだ順番になります。SUM関数のショートカットはSUMを逆から読んで「MUS」となる、というように覚えましょう。

また、SUM関数を書くショートカットには、Shift & Alt & = もあります。3つのボタンを同時に押すショートカットです。お好きなほうを覚えてください。また、これらのショートカットでSUM関数を記述するときは、「=」を書く必要はありません。SUM関数を記述したいセルを選択したら、そのまま Alt + M + U + S と押してください。

☑ AVERAGE関数、MAX関数、MIN関数をショートカットで記述する

その他の集計関数も練習しておきましょう。Alt を使ったショートカットが便利な関数として、以下の4つがあります。

▼ Alt + M + U + ● + Enter で集計関数を記述可能

Alt + M + U + S + Enter　SUM関数（合計値を求める）

Alt + M + U + A + Enter　AVERAGE関数（平均値を求める）

Alt + M + U + M + Enter　MAX関数（最大値を求める）

Alt + M + U + I + Enter　MIN関数（最小値を求める）

「04_基本関数」シートの集計欄に、それぞれのショートカットで関数を作成する練習をしてみてください。

Section 09 【増やす】関数を一瞬でコピーする Ctrl & D

いよいよこれから、さまざまな関数を題材として扱いながら、数式や関数を「増やす」練習をしていきます。

最初に、関数をコピーして複製するショートカット、「上のセルの内容を下にコピーする」Ctrl & D をお教えします。

▼ Ctrl & D (Down) で下にコピー

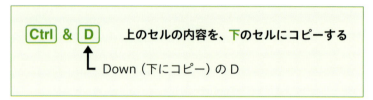

「05_ 数式・関数のコピー1」シートに移動してください。まずは、アドレスD3からD11の範囲を選択してください。

▼ アドレス D3 〜 D11の範囲を選択

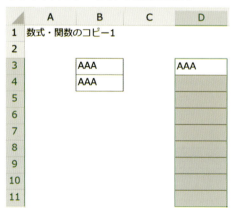

この状態で Ctrl を押しながら D を押してみてください。一番上のセルに書かれている「AAA」という文字列がコピーされます。

▼ Ctrl & D で、一番上のセルが選択範囲にコピーできる

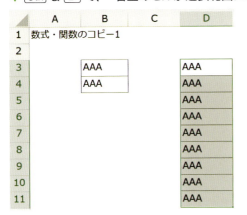

　この Ctrl & D の便利なところは、いちいちコピー、貼り付けをしなくても操作一つでコピーが完了するところです。最初は Ctrl & C などでついついコピーをしたくなりますが、貼り付けの操作は不要ですので、そのまま Ctrl & D とだけ押してください。
　このコピーは、文字列だけでなく数式や関数をコピーするときに非常に重宝するショートカットです。

Section 10 【増やす】関数を一瞬でコピーする Ctrl & R

「上のセルの内容を下にコピーする」ショートカット Ctrl & D を学びましたので、今度は右にコピーするショートカットを学びましょう。性質は Ctrl & D とまったく同じです。

▼ Ctrl & R (Right) で右にコピー

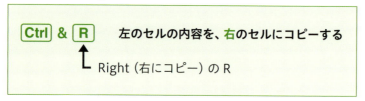

「06_数式・関数のコピー2」シートに移動して練習してみましょう。アドレス B5～J5 の範囲を選択して Ctrl & R を押してみてください。

▼ アドレス B5～J5 の範囲を選択

先ほどの Ctrl & D (下にコピー) と同様に「AAA」の文字列が右にコピーされました。複数のセルを選択した状態で Ctrl & R を押すと、選択範囲の一番左の値がコピーされていきます。

☑ 結合する数式のコピー

さて、コピーを行う Ctrl & D を使って、「結合する数式」を複製する方法を学んでいきましょう。まずは、別々のセルに書かれた文字列を1つのセ

ル内でつなぎ合わせる方法を学びます。**「07_結合する数式」**シートに移動
してください

　アドレス C5 のセルに、アドレス A5、B5 のセルにある苗字と名前を結合
する数式「＝A5 & B5」を書いてみましょう。「伊藤」と「博文」が結合さ
れて、「伊藤博文」のフルネームになりました。

▼ &で苗字と名前を結合する

	A	B	C
1	結合する数式		
2			
3	結合する数式のコピー		
4			フルネーム
5	伊藤	博文	伊藤博文

　とても簡単ですね。「&」で結合することで文字列を合体させることがで
きます。

　さて、ここに書いた数式を下の領域に一斉にコピーしてみましょう。
Shift を押しながら ↓ で、アドレス C5 〜 C22 の範囲を選択してください。

　範囲が選択できたら、Ctrl & D （下にコピー）を押してみましょう。
先ほどもお伝えしましたが、Ctrl & C などでコピーする必要はありませ
ん。これですべてのセルに、フルネームを表示する数式がコピーされました。
次ページを見てください。

Chapter 4　数式と関数の高速化　201

▼ アドレス C5〜 C22を選択し、Ctrl & Dで選択範囲に式を一斉コピー

伊藤	博文	伊藤博文
大隈	重信	
桂	太郎	
西園寺	公望	
原	敬	
犬養	毅	
吉田	茂	
鳩山	一郎	
岸	信介	
池田	勇人	
佐藤	栄作	
田中	角栄	
竹下	登	
中曽根	康弘	
橋本	龍太郎	
小渕	恵三	
森	喜朗	
小泉	純一郎	

伊藤	博文	伊藤博文
大隈	重信	大隈重信
桂	太郎	桂太郎
西園寺	公望	西園寺公望
原	敬	原敬
犬養	毅	犬養毅
吉田	茂	吉田茂
鳩山	一郎	鳩山一郎
岸	信介	岸信介
池田	勇人	池田勇人
佐藤	栄作	佐藤栄作
田中	角栄	田中角栄
竹下	登	竹下登
中曽根	康弘	中曽根康弘
橋本	龍太郎	橋本龍太郎
小渕	恵三	小渕恵三
森	喜朗	森喜朗
小泉	純一郎	小泉純一郎

　このように、たくさんのデータが並んだリストなどに数式や関数を書く場合は、一番上のセルだけに式や関数を書き、下の領域はCtrl & Dでコピーを行うようにしてください。

　マウスを使ってドラッグしてコピーするよりもずっと速くコピーが完了します。セルの右下をダブルクリックしてコピーする方法もありますが、Chapter 2で紹介した範囲選択方法「急がば回れ」を駆使すれば、ものすごいスピードでコピーできます。

Section 11 【増やす】「急がば回れ」でワープ選択

　先ほど Ctrl & D という便利なショートカットを覚えましたね。歴代総理大臣の名前を範囲選択し、コピーしましたが、もしコピーをする行が何千行・何万行もあった場合、範囲を選択するのにすごく時間がかかってしまいますね。

　Chapter 2の「急がば回れでワープ選択」を活用しましょう。Ctrl & Z で関数をコピーする前の状態、アドレスC5にだけ「＝A5 & B5」という式が入っている状態に戻してください。

▼ コピー前の状態に戻す

C5	▼			=A5&B5
	A	B	C	
1	結合する数式			
2				
3	結合する数式のコピー			
4			フルネーム	
5	伊藤	博文	伊藤博文	

　ここから、アドレスC22までのセルを Shift & ↓ で選択してもらいましたが、この範囲は18行もあるのでちょっと選択が大変です。まずは ← を押してアドレスB5まで移動してください。

▼ アドレスB5に移動し、Ctrl & ↓ でアドレスB22までワープ

21	森	喜朗	
22	小泉	純一郎	

　B22にワープしたのちにC22に移動し、Ctrl & Shift & ↑ で一気にC5まで選択し、Ctrl & D を押せば一斉コピーができます。

▼ アドレス C22 から Ctrl & Shift & ↑ で範囲をワープ選択し、Ctrl & D で一斉コピー

伊藤	博文	伊藤博文
大隈	重信	
桂	太郎	
西園寺	公望	
原	敬	
犬養	毅	
吉田	茂	
鳩山	一郎	
岸	信介	
池田	勇人	
佐藤	栄作	
田中	角栄	
竹下	登	
中曽根	康弘	
橋本	龍太郎	
小渕	恵三	
森	喜朗	
小泉	純一郎	

A	B	C
伊藤	博文	伊藤博文
大隈	重信	大隈重信
桂	太郎	桂太郎
西園寺	公望	西園寺公望
原	敬	原敬
犬養	毅	犬養毅
吉田	茂	吉田茂
鳩山	一郎	鳩山一郎
岸	信介	岸信介
池田	勇人	池田勇人
佐藤	栄作	佐藤栄作
田中	角栄	田中角栄
竹下	登	竹下登
中曽根	康弘	中曽根康弘
橋本	龍太郎	橋本龍太郎
小渕	恵三	小渕恵三
森	喜朗	森喜朗
小泉	純一郎	小泉純一郎

C22 からワープ選択し、 　　　　Ctrl & D で一斉コピー

　私は、このぐるっと回って選択する操作を「急がば回れ」と呼んでいます。慣れるまでは大変ですが、何十回、何百回と実務で繰り返せば、本当にものすごい速さでコピーすることができるようになります。ダブルクリックコピーよりもずっと速くできますので、ぜひこの方法を習得してください。

　この「急がば回れ」＋ Ctrl & D は、Ctrl & Z で何度も戻して練習をしてみてください。

Section 12 【増やす】相対参照機能を学ぶ

ここでは、関数の複製において理解しておかなくてはいけない「相対参照と絶対参照」という機能について触れます。

「相対参照と絶対参照」。ちょっと難しそうな言葉が出てきました。先ほど練習した、結合する数式（＆を使った計算式）を題材に、Excel の重要な機能である「相対参照」と「絶対参照」について説明します。

☑ "必ず一緒についてくる" Excel の相対参照機能

歴代総理大臣の苗字と名前を「＆」で結合する練習では、まずは一番上のセルに「＝A5 ＆ B5」とセルの値を結合する数式を書き、[Ctrl] ＆ [D] で一斉にコピーをする練習をしましたね。

このとき「伊藤博文」を表示させる式を下のセルにコピーすると、なぜ下のセルの総理大臣の名前もついてくるのかと、不思議に思った方もいらっしゃるでしょう。

式や関数をコピーしたら、参照先が同じようについてきてくれる。

これが Excel の「相対参照」と呼ばれる、大変便利な機能です。この相対参照機能があるおかげで、私たちは数式や関数を1つずつのセルに書く必要がなく、1つだけ書いてコピーすることでデータを作成していくことができるのです。

この、相対参照の機能を体で理解するために、1つ練習をしてみましょう。「08_相対参照」シートに移動してください。

100の位、10の位、1の位、それぞれが並んでいるセルがあります。アドレス E3 に、「＝B3 ＋ C3 ＋ D3」という式を書いてみてください。

▼ ＝B3 + C3 + D3 と記入し、Enter を押す

B	C	D	E
値1	値2	値3	合計
100	10	1	=B3+C3+D3

　すると、100＋10＋1の合計である111という数字が表示されます。
　次にアドレスE3からE11を選択して、Ctrl & D でコピーしてみましょ
う。ここではもちろん、先ほど練習した「急がば回れ」の選択方法を行うよ
うにしましょう。

▼ Ctrl & D で式をコピー

B	C	D	E
値1	値2	値3	合計
100	10	1	111
200	20	2	222
300	30	3	333
400	40	4	444
500	50	5	555
600	60	6	666
700	70	7	777
800	80	8	888
900	90	9	999

そうすると、それぞれの数字が合計されたデータが完成します。数式や関数の内容は、それが書かれたセルで F2 を押せばチェックできましたね。

　ひとつひとつのセルで F2 を押してみると、ちゃんと参照先が同じようについてきているのがわかります。

▼ 式をコピーすると参照先が"ついてくる"

B	C	D	E
値1	値2	値3	合計
100	10	1	111
200	20	2	=B4+C4+D4
300	30	3	333

式をコピーすると、
参照先が同じようについてくる

　これが、「相対的に参照先がついてくる」、相対参照機能です。

準備体操

高速化原則

高速選択

発展技術

高速記述・高速複製

Chapter 4　数式と関数の高速化　207

Section 13 【増やす】絶対参照機能を学ぶ

さて、先ほどご説明した相対参照機能。計算式や関数をコピーするときはとても便利なのですが、困ってしまうこともあります。

それは、参照先がついてきてほしくないときでも、ついてきてしまうからです。

実際にその不便さを体感してもらいたいので、計算式を書きながら練習してみましょう。

「09_絶対参照」シートに移動してください。各行にいろいろな果物の税抜き金額が書かれています。この数字から、それぞれの果物の消費税（D列）と税込金額（E列）を書きたいとします。消費税が8%の場合、アドレスG4の「0.08」という数字を使って計算します。

※ちなみに消費税は2019年10月に10%に変更になる予定ですが、その場合はアドレスG4の数値を「0.08」から「0.1」に変更すればOKです。

まずは、アドレスD4に「=C4*G4」という式を書き、りんごの消費税を求めてみましょう。

▼ =C4*G4 で金額（税抜）×消費税率を計算

消費税を求めて、税込金額を計算する

商品	金額（税抜）(円)	消費税(円)	金額（税込）(円)
りんご	150	=C4*G4	
バナナ	250		
なし	100		
みかん	120		
いちご	200		
パイナップル	300		

消費税率
0.08

150円×0.08（8%）で、12円という数字が表示されます。

次に、アドレスE4に税抜金額（150円）と消費税（12円）を合計する、

「＝C4＋D4」という式を書きましょう。

▼ ＝C4＋D4 税込金額を計算

消費税を求めて、税込金額を計算する

商品	金額（税抜）(円)	消費税(円)	金額（税込）(円)		消費税率
りんご	150	12	=C4+D4		0.08
バナナ	250				
なし	100				
みかん	120				
いちご	200				
パイナップル	300				

　税込金額の162円という数字が表示されます。

　さて、ここで青く塗られたアドレスD4からアドレスE9を選択し、上の式を下にコピーするために Ctrl ＆ D を押してください。

▼ Ctrl ＆ D で計算式をコピーすると、

消費税を求めて、税込金額を計算する

商品	金額（税抜）(円)	消費税(円)	金額（税込）(円)	消費税率
りんご	150	12	162	0.08
バナナ	250	0	250	
なし	100	0	100	
みかん	120	0	120	
いちご	200	0	200	
パイナップル	300	0	300	

　そうすると、バナナ以降の果物の消費税が0円になってしまいました。なぜこのようなことが起こるのでしょうか。

　アドレスD5で F2 を押してみると理由がわかります。次ページの図の赤い部分に注目してください。消費税として参照していた「0.08」が相対参照機能により、一緒に下についてきてしまっています。

Chapter 4 数式と関数の高速化　209

▼ 相対参照の機能により、消費税率の参照がずれてしまう

消費税を求めて、税込金額を計算する

商品	金額（税抜）(円)	消費税(円)	金額（税込）(円)	消費税率
りんご	150	12	162	0.08
バナナ	250	=C5*G5	250	
なし	100	0	100	
みかん	120	0	120	
いちご	200	0	200	
パイナップル	300	0	300	

空白セルが参照されている

　これが、相対参照の不便な点です。0.08をかけるのは、すべての金額で共通しているので参照先が一緒についてきてしまうと困ってしまいますね。このような事態を防ぐために、＄（ドルマーク）という記号を使って参照先のアドレスが動かないようにします。

　もう一度、りんごの消費税を求めるアドレスD4のセルを編集するために、F2でセルを編集モードにしてみてください。

▼ F2 で消費税額の計算式を編集モードにする

消費税を求めて、税込金額を計算する

商品	金額（税抜）(円)	消費税(円)
りんご	150	=C4*G4

　編集モードになると、縦棒のカーソルがセルの中に表示されます。このカーソルは参照アドレスG4に隣接しています。この状態で、F4を押してみてください。

▼ F4 を押すと参照アドレスに＄がつく

消費税を求めて、税込金額を計算する

商品	金額（税抜）(円)	消費税(円)
りんご	150	=C4*$G$4

すると、アドレス G4 のセルに＄がつきました。

※F4 を押してもうまくいかない方は、F4 と一緒に Fn を押してください。

この＄は、「相対参照で一緒についてこないでね」とお願いをするためのものです。アドレスが動かないように、その場に縛り付ける鎖のようなものだと考えてください。

この状態で、アドレス D4 から E9 を選択し、Ctrl & D でコピーしてみてください。

▼ Ctrl & D で計算式をコピー

消費税を求めて、税込金額を計算する

商品	金額（税抜）(円)	消費税(円)	金額（税込）(円)		消費税率
りんご	150	12	162		0.08
バナナ	250	20	270		
なし	100	8	108		
みかん	120	10	130		
いちご	200	16	216		
パイナップル	300	24	324		

そうすると、ちゃんとすべての果物の消費税が正しく表示されましたね。F2 で中の式を見てみると、消費税の参照先はずっとアドレス G4 にとどまったままで、動いていないことがわかります。

Chapter 4 数式と関数の高速化　211

▼ $をつけると、参照先が"ついてこなくなる"

消費税を求めて、税込金額を計算する

商品	金額（税抜）(円)	消費税(円)	金額（税込）(円)	消費税率
りんご	150	12	162	0.08
バナナ	250	20	270	
なし	100	=C6*$G$4	108	

$により、固定されている

　これが、参照先アドレスを固定する＄の役割です。この参照先を動かなくするための機能を「絶対参照」と呼びます。

☑ 相対参照と絶対参照の違い

相対参照……参照アドレスが同じペースでついてくる（相対的に参照する）
絶対参照……参照アドレスが固定される（絶対的に参照する）

☑ 絶対参照を活用した関数のコピーの練習

　参照先のアドレスに F4 を押して、＄をつけることで参照範囲を固定できるということを学びました。＄をキーボード入力で記入している方を見かけますが、F4 を1回押すだけで入力できます。
　これで数式と関数を「読む」「書く」「増やす」スキルを身につけることができました。次ページより、「COUNTIF関数」と「VLOOKUP関数」を題材に、「データ量が何万行あっても、関数の記述と複製を10秒以内に完了できる」スキルを習得していきましょう。

COUNTIF関数の基本

　これまで学んだ方法論を駆使しながら、「COUNTIF関数」と「VLOOKUP関数」をマスターします。それぞれの関数を詳しく知らない方もいるはずですので、まずは関数の基本から解説します。**「10_COUNTIF関数」**シートに移動してください。

　アドレスB3〜B11に数字や果物の名前が入ったデータが入っています。この範囲のデータの中から、「1」の数だけ数えるCOUNTIF関数をアドレスB12に入力します。COUNTは「数える」、IFは「もしも」という意味です。

　COUNTIF関数は、「データの範囲の中で、もしも『1』だったら数を数えてください」という命令ができる関数と覚えましょう。

　まずは、数を数える範囲を指定します。「=COUNTIF(」と書いたあとに、矢印キーで上に飛び出し、アドレスB3からB11のセルを選択し、「,」（カンマ）を入力してください。

▼ = COUNTIF(と記入し、範囲を指定し、「,」（カンマ）を入力

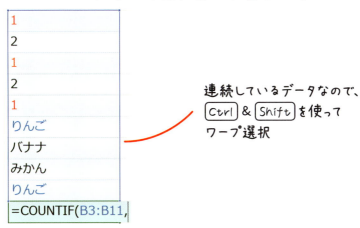

　これで、範囲の指定は完了です。その後、「1」と記入してください。

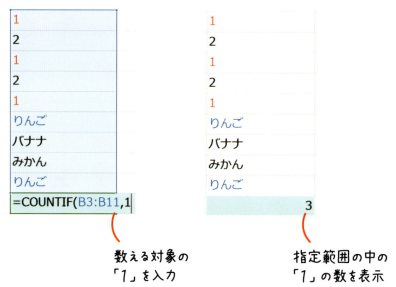

「 ）」を書いて完了です（もちろん、「 ）」は省略可能です）。Enter で確定すると、「3」という数字が表れます。範囲の中には「1」が3つあるので、3という数字が表示されたのです。

☑ 次は「りんご」を数えてみる

　これが COUNTIF 関数の基本的な仕組みです。では、次は隣のデータに行って同じく範囲の中から、「りんご」の数を数えてみましょう。
　同じように「=COUNTIF(E3:E11, りんご)」という関数を書きたくなりますが、数式や関数の中に、数字以外の文字列を指定する場合はデータを"（ダブルクオーテーション）で囲む必要があります。覚えておいてください。
　「=COUNTIF(E3:E11,"りんご")」という関数を書くと、「りんご」の数

である「2」が表示されます。

▼ 指定範囲の中の「りんご」の数を表示する

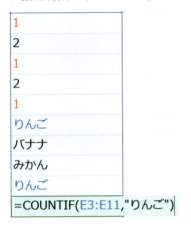

文字列のデータは「りんご」です。「リンゴ」や「林檎」など、表記方法が違うとうまくいきませんので、注意してください。

☑ セルの参照をすることで、条件の指定も可能

「1」や「"りんご"」と直接記述する代わりに、セルを参照することでCOUNTIF関数を記述することも可能です。

▼ 文字列でも指定できる

| みかん |
| りんご |
| =COUNTIF(E3:E11,E11) |

"りんご"の代わりに、アドレス E11 に入っている「りんご」という文字列を指定しました。Enter を押すと、りんごのデータ個数である「2」が同じように表示されます。

このように、セルを参照することで、キーボードで直接書くのと同じ役割を果たすことができます。この方法を踏まえた上で、絶対参照を活用した COUNTIF 関数のコピーを練習してみましょう。

Section 15 絶対参照を活用した
COUNTIF関数のコピー

「**11_COUNTIF関数のコピー**」シートに移動してください。アドレスA7
〜A19に果物名が入っています。これらの果物のデータの個数を、アドレ
スD7〜D12にCOUNTIF関数を記入して数えてみましょう。

まず、アドレスD7にりんごの個数を数えるCOUNTIF関数を書きます。

範囲はアドレスA7〜A19、数えたいデータはりんごですので、アドレ
スC7を指定します。関数は、「＝COUNTIF(A7:A19,C7)」となりますね。

▼ ＝COUNTIF(A7:A19,C7)で「りんご」の数を数える

4	絶対参照を活用したCOUNTIF関数のコピー		
5			
6	項目		↓データの件数を数えてみ
7	桃	りんご	=COUNTIF(A7:A19,C7)
8	みかん	みかん	
9	桃	バナナ	
10	パイナップル	いちご	
11	いちご	パイナップル	
12	りんご	桃	
13	バナナ		
14	りんご		
15	りんご		
16	りんご		
17	みかん		
18	りんご		
19	いちご		

Enter を押すと、りんごのデータ数である5が表示されます。

Chapter 4 数式と関数の高速化　217

▼「りんご」の数が表示される

4	絶対参照を活用したCOUNTIF関数のコピー		
5			
6	項目		↓データの件数
7	桃	りんご	5
8	みかん	みかん	

　この関数をアドレスD7からD12を範囲指定して Ctrl & D でコピーしてみましょう。範囲選択の方法はもちろん「急がば回れ」で行います。

▼ Ctrl & D で関数をコピーすると、

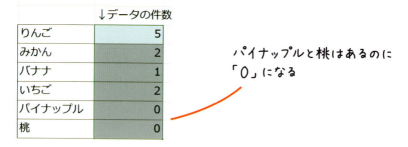

パイナップルと桃はあるのに「0」になる

　そうするとちょっとおかしいことが起こっていることに気づきませんか。パイナップルや桃のデータは存在しているのに、数が「0」になっています。なぜでしょうか。数式や関数にエラーや不具合が起こった場合はどのようにチェックするか、覚えていますか。そう。 F2 で1つずつ関数の参照先をチェックしていけばよいのでしたね。

▼ F2 で参照範囲を確認すると……

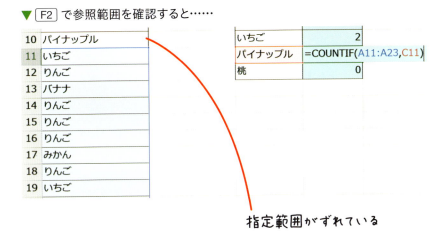

指定範囲がずれている

　下にコピーしていったことで、指定した範囲が同じペースで下にずれていってしまっているのです。これが先ほど説明した「相対参照」の機能。「相対参照」に気をつけなければ、このような困ったことが起こるのです。
　参照先が同じペースでついてこないようにするには、F4 で＄をつけて動かないようにするのでしたね。
　もう一度、COUNTIF 関数を書き直してみましょう。アドレス D7 のセルに「＝COUNTIF(A7:A19」と書き、「,」を押す前にすかさず F4 を押してください。

▼ 範囲を指定したあと"すかさず" F4 を押す

＄でしっかり固定

　そうすると、A7 から A19 の範囲で行にも列にも＄がつきました。これで

Chapter 4 数式と関数の高速化

指定した範囲は絶対に動かなくなります。このあとに「,」を書き、りんごのデータが入ったアドレス C7 を指定します。

▼ 検索条件のセルを指定する

↓データの件数を数えてみましょう

=COUNTIF($A$7:$A$19,C7)

Enter を押し、「急がば回れ」→ Ctrl & D で関数をコピーしてください。

▼ Ctrl & D で関数をコピーする

↓データの件数

りんご	5
みかん	2
バナナ	1
いちご	2
パイナップル	1
桃	2

パイナップルも桃もカウントされた

　データの範囲は、下にコピーしていっても絶対に動きませんので、正しい個数が表示されます。
　このように、関数をコピーするときは相対参照の罠にはまることが多いです。F4 を押し忘れると、同じような不具合が発生することがありますので、十分に気をつけてください。
　この Chapter 4「数式と関数の高速化」のゴールは、「データ量が何万行あっても、関数の記述と複製を 10 秒以内に完了できるスキルを身につける」ことであるとお話ししていました。

実は、今行った操作はデータが10行であっても何万行であっても操作スピードが変わらないということにお気づきでしょうか。今の手順をまとめます。

---

① COUNTIF 関数を一番上のセルに記述

②「急がば回れ」で COUNTIF 関数をコピーする範囲を選択

③ Ctrl & D でコピーする

　この操作は、データ量にかかわらず動作は一緒になります。ですので、この操作を身につけておけばどれだけデータが多くても同じ時間で関数の複製が可能なのです。

「関数の記述 → 急がば回れ → Ctrl & D でコピー」

　この一連の操作をどんな場合でも10秒以内にできるようになればしめたもの。かなりスピーディにリストやデータベースを作ることができるようになります。

Section 16 VLOOKUP関数の基本

　COUNTIF関数を通じて、「関数の記述 → 急がば回れ → Ctrl & D」の練習をしてきました。これらの技術を使いながら、最後に絶対参照を活用したVLOOKUP関数のコピーを練習しましょう。ちなみに、「VLOOKUP」は"ブイルックアップ"と読みます。

　VLOOKUP関数は、使用頻度が高く非常に重要な関数ですが、苦手意識を持っている方も多いはず。基礎からしっかりと練習してこの機会に身につけましょう。「**12_VLOOKUP関数**」シートに移動してください。

　VLOOKUP関数は、「＝VLOOKUP(検索値,範囲,列番号,0)」という構造を持った関数です。実際に手を動かして書きながら理解しましょう。

　ここで行いたいのは、アドレスE7にアドレスE4に書いてある果物の単価を、そしてアドレスE9にアドレスE4に書いてある果物の原価を自動表示させることです。まずはアドレスE7に「＝VLOOKUP(」と書いてください。

▼ =VLOOKUP(と記入

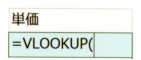

　次に検索値であるアドレスE4の「りんご」を指定します。この検索値は、Google検索をする際のキーワードとイメージしてください。矢印キーでセルの外に飛び出し、アドレスE4を指定したあとに、「,」で区切ります。

▼ 検索値を指定し、カンマで区切る

果物名

りんご

単価

=VLOOKUP(E4,

　アドレス E4 の「りんご」に関する情報を探してきてください、というところまで記述できました。次は、「どこから情報を探してくるか」を指定します。次に指定するのは黄色く塗られた果物のリストです。

▼ 検索する情報の範囲を指定する

3	果物	単価	原価
4	りんご	200	120
5	みかん	150	90
6	バナナ	300	180
7	パイナップル	500	300
8	桃	450	270

果物名

りんご

単価

=VLOOKUP(E4,A4:C8,

原価

A4:C8 が検索範囲になる

　アドレス A4:C8 を範囲選択して「,」で区切ります。「アドレス E4 の『りんご』に関する情報を、黄色い範囲（アドレス A4:C8）から探してきてください」というところまで記述したことになります。

　次に指定するのは列番号です。黄色い範囲の中で、単価に関する情報は左から 2 列目にありますね。2 列目を意味する、「2」という数字を書き「,」

準備体操

高速化原則

高速選択

発展技術

高速記述・高速複製

Chapter 4 数式と関数の高速化　223

で区切ってください。

▼ 列番号を指定する

3	果物	単価	原価
4	りんご	200	120
5	みかん	150	90
6	バナナ	300	180
7	パイナップル	500	300
8	桃	450	270

果物名

りんご

単価

=VLOOKUP(E4,A4:C8,2,

原価

単価情報は2列目なので、2を記入

「アドレス E4の『りんご』に関する情報を、黄色い範囲（アドレス A4:C8）の2列目から探してきてください」というところまで書きました。

　ここで注意しなくてはいけないことがあります。情報を探してくる範囲（アドレス A4:C8）は自由に指定ができますが、検索値の情報は必ず1列目にないといけないという決まりがあります。今回は、検索値である果物名が範囲の中の1列目にあります。最後に「0」と書いて「）」で関数を終了してください（前述したとおり、「）」は省略しても構いません）。

　Enter を押すと、りんごの単価である「200」という数字が表示されます。

▼ りんごの単価である、200が表示される

果物名
りんご

単価
200

最後に書いた「0」の意味ですが、これは「完全一致」という命令になります。「0」の代わりに「FALSE」と書く場合もありますが、「0」のほうが素早く書けるため、「0」で書くと覚えておくといいでしょう。もう一度、VLOOKUP関数の構造を見てみましょう。

▼ VLOOKUP関数の構造

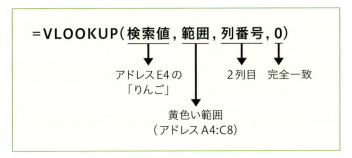

　LOOKUPは、英語で「調べる」という意味ですね。検索値に関する情報を指定する範囲の中から調べて、探してきてくれる関数がVLOOKUP関数です。ためしにアドレスE4の「りんご」を「みかん」に変えてください。

▼ 検索値を「りんご」から、「みかん」に変更する

Chapter 4 数式と関数の高速化　225

みかんの単価である「150」という数字が表示されます。ほかの果物名も入力して試してみましょう。範囲にない果物、例えば「いちご」と書いたらエラーが出ます。指定した範囲に情報がないためです。

▼ 検索範囲に存在しない情報の場合、エラーが出る

3	果物	単価	原価
4	りんご	200	120
5	みかん	150	90
6	バナナ	300	180
7	パイナップル	500	300
8	桃	450	270

果物名
いちご

単価
#N/A
原価

　さて、VLOOKUP関数の理解も深まりましたので、アドレスE9に原価を表示させるVLOOKUP関数を書いてみましょう。

▼ 原価情報を表示させるには？

　原価の情報は3列目にあるので、列番号を「3」とするだけでOKです。

Section 17 絶対参照を活用した VLOOKUP関数のコピー

「**13_VLOOKUP関数のコピー**」シートに移動してください。アドレスA3からC7に果物の単価・原価が入った表があります。この表のデータをVLOOKUP関数で水色のセル（アドレスF3〜G7）に表示させる練習をしてみましょう。

「そもそもなんで表があるのに、わざわざVLOOKUP関数を作る必要があるのか？」と思われる方がいるかもしれません。

確かにこのようなデータではあまり意味がないのですが、仕事では、検索先のデータが大量にあり、それをVLOOKUP関数で別シートに持ってくる必要がある、といった場面がよくあります。

今回はあくまでVLOOKUP関数の練習用の教材ですので、このシンプルな表で練習してみましょう。まず、アドレスF3にりんごの単価を表示させるVLOOKUP関数を書いてみましょう。

まず、「=VLOOKUP(」と書いたあとに検索値であるアドレスE3を指定し、「,」で区切ります。

▼ はじめに検索値を指定する

果物	単価	原価
りんご	=VLOOKUP(E3	
みかん		

次にりんごの単価に関する情報がある範囲を指定するのでしたね。

アドレスA3〜C7を指定します。ここで、「,」を書く前にすかさず F4 を押して、範囲を固定させましょう。範囲指定ができたら「,」を書きます。

準備体操

高速化原則

高速選択

発展技術

高速記述・高速複製

Chapter 4 数式と関数の高速化　227

▼ 検索する範囲を指定し、F4 を押し範囲を固定する

2	果物	単価	原価
3	バナナ	200	120
4	桃	150	90
5	みかん	300	180
6	パイナップル	500	300
7	りんご	450	270

果物	単価	原価
りんご	=VLOOKUP(E3,$A$3:$C$7,	
みかん		
バナナ		
パイナップル		
桃		

$で範囲を固定

　その後は、検索範囲の列番号を指定します。単価に関する情報は範囲の表の左から2列目にありますので、「2」と書き「,」で区切ります。

▼ 列番号を指定する

果物	単価	原価
りんご	=VLOOKUP(E3,$A$3:$C$7,2,0)	
みかん		
バナナ		

2列目なので、
「2」を記入し、
「0」でとじる

　最後に「完全一致」を意味する「0」を記入して Enter を押しましょう。りんごの単価である「450」が表示されますので、Ctrl & D でアドレスF3のVLOOKUP関数をアドレスF7までコピーして完成です。

▼ Ctrl & D で関数をコピー

果物	単価
りんご	450
みかん	300
バナナ	200
パイナップル	500
桃	150

　要領はつかめましたか。同じように原価を表示させる VLOOKUP 関数も隣の列に書いてみましょう。

　原価の列番号は3となり、他の部分は単価を表示させた VLOOKUP 関数と同じです。

▼ 列番号を「3」とし、原価情報も求める

2	果物	単価	原価
3	バナナ	200	120
4	桃	150	90
5	みかん	300	180
6	パイナップル	500	300
7	りんご	450	270

果物	単価	原価
りんご	450	=VLOOKUP(E3,
みかん	300	$A$3:$C$7,3,0)
バナナ	200	
パイナップル	500	
桃	150	

　さて、Chapter 4 はかなりボリュームがありましたが、基本的な数式と関数については一通り学ぶことができました。読んで終わりではなく、"指が覚える"まで練習を続けてください。

Chapter 4 数式と関数の高速化　229

Chapter **5**

厳選！
ショートカット200

いよいよ最後の章ですが、この章ではこれまで学んできたショートカットを復習し、さらに知識を増やすための一覧表を掲載しています。

200種類のショートカットを掲載します。練習用の教材としてお役立てください。

すべてを覚える必要はありませんが、仕事でよく使うショートカットは何度も繰り返し、指に覚えさせてください。

基本ショートカット100

ショートカット操作の読み方

例1　**Ctrl & O**　　……　Ctrl と O を**同時**に押す
例2　**Alt + E + L**　……　Alt → E → L の**順番**に押す

	ショートカット1	ショートカット2	大項目
1	Alt & Tab		1_ ファイル
2	Alt & F4		1_ ファイル
3	F12	Alt & F2	1_ ファイル
4	Alt + F + P	Ctrl & P	1_ ファイル
5	Ctrl & S	Shift & F12	1_ ファイル
6	Ctrl & N	Alt + F + N	1_ ファイル
7	Ctrl & O	Ctrl & F12	1_ ファイル
8	Ctrl & Tab	Ctrl & F6	1_ ファイル
9	Alt + W + F + F		2_ ウィンドウ
10	Ctrl & W	Ctrl & F4	2_ ウィンドウ
11	ALT + I + W	Shift & F11	3_ シート
12	Alt + H + O + R	Alt + O + H + R	3_ シート
13	Alt + E + L	Alt + H + D + S	3_ シート
14	Ctrl & PgUp		3_ シート
15	Ctrl & PgDn		3_ シート
16	Alt + W + V + G		3_ シート

・PC によっては、 Fn と同時に押す必要のあるショートカットがあります。
・掲載しているショートカットは Windows 版のみに対応しています。
・Excel のバージョンによって、ショートカットや挙動が異なる場合があります。

アクション	備考
起動しているアプリケーションを切り替える。	
現在開いているアプリケーションを終了する。	
名前を付けてファイルを保存する。	
ファイルを印刷する。	
ファイルを上書き保存する。	
空白の book が立ち上がる。	
ファイルを開く。	
次の book に移動する。	
ウィンドウ枠を固定する / 解除する。	
選択したウィンドウを閉じる。	
新しいシートの追加をする。	
シート名を編集する。	
シートを削除する。	削除するシートにデータが入力されている場合は、警告が表示される。
左のシートに移動する。	
右のシートに移動する。	
ワークシートの枠線を表示または非表示にする。	

Chapter 5 厳選！ショートカット200　233

	ショートカット1	ショートカット2	大項目
17	↑ ↓ ← →		4_ 移動
18	Ctrl & ↑ ↓ ← →		4_ 移動
19	Enter		4_ 移動
20	Shift & Enter		4_ 移動
21	Tab		4_ 移動
22	Shift & Tab		4_ 移動
23	PgUp		4_ 移動
24	PgDn		4_ 移動
25	Shift & 矢印	F8 + 矢印	5_ 選択
26	Ctrl & Shift & 矢印		5_ 選択
27	Ctrl & Space		5_ 選択
28	Shift & Space		5_ 選択
29	Ctrl & A		5_ 選択
30	Ctrl & F	Shift & F5	5_ 選択
31	F5	Ctrl & G	5_ 選択
32	Ctrl & C	Alt + E + C	6_ コピー／貼り付け
33	Ctrl & X	Alt + E + T	6_ コピー／貼り付け
34	Ctrl & V	Alt + E + P	6_ コピー／貼り付け
35	Ctrl & D	Alt + E + I + D	6_ コピー／貼り付け
36	Ctrl & R	Alt + E + I + R	6_ コピー／貼り付け
37	Alt + E + S	Ctrl & Alt & V	6_ コピー／貼り付け

アクション	備考
矢印方向に移動する。	
データが終わるまで、もしくは次のデータにぶつかるまでセルをワープする。	
下のセルに移動する。	
上のセルに移動する。	
右のセルに移動する。	
左のセルに移動する。	
ディスプレイ上の表示を上方向に移動する。	
ディスプレイ上の表示を下方向に移動する。	
選択範囲を拡張する。	
データが入力されている範囲の先頭行、末尾行、左端行、または右端行まで選択する。	ワープ選択。
列全体を選択する。	
行全体を選択する。	入力モードを半角にする必要がある。
すべてのセルを選択する。	詳細は本書 P112 参照。
文字列を検索する。	
指定したセルにジャンプする。	
コピーする。	
切り取りする。	
貼り付けする。	Enter で貼り付けも可能（詳細は本書 P51 参照）
上のセルの内容を下のセルにコピーする。	
左のセルの内容を右のセルにコピーする。	
コピーした状態で、形式を選択して貼り付けする。	

	ショートカット1	ショートカット2	大項目
38	Alt + M + U + S	Alt & Shift & =	7_入力
39	Alt + M + U + A		7_入力
40	Alt + M + U + C		7_入力
41	Ctrl & ;		7_入力
42	Alt & Enter		7_入力
43	F2		7_入力
44	Ctrl & H	Alt + E + E	7_入力
45	Alt + E + I + S		7_入力
46	Ctrl & Enter		7_入力
47	Alt & ↓		7_入力
48	Ctrl & B	Ctrl & 2	8_書式
49	Ctrl & U	Ctrl & 4	8_書式
50	Alt + I + R		8_書式
51	Ctrl & - + R +Enter		8_書式
52	Alt + I + C		8_書式
53	Ctrl & − + C +Enter		8_書式
54	Alt + H + B + A		8_書式
55	Alt + H + B + N	Ctrl & Shift & ＼	8_書式
56	Ctrl & I	Ctrl & 3	8_書式
57	Alt + H + 0		8_書式
58	Alt + H + 9		8_書式

基本ショートカット100

アクション	備考
SUM 関数を挿入する。	
AVERAGE 関数を挿入する。	
COUNTIF 関数を挿入する。	
本日の日付を入力する。	
セルの中で改行する。	
セルを編集状態にする。	
文字列を置換する。	
連続データを表示する。	本書 P156 参照。 E（ええ感じで）I（1個ずつ）S（数字を増やす）で覚える。
選択したセル範囲に、アクティブセルと同じ値を一斉入力する。	①複数のセルを選択する → ②任意のセルに値や数式・関数を入力 → ③ Ctrl & Enter で選択範囲のセルに一斉入力をする。
同列で入力したデータ（文字列）の候補を表示する。	入力されたデータがないと機能しない。
太字にする。	
下線を引く。	
行を挿入する。	
行を削除する。	
列を挿入する。	
列を削除する。	
格子線（罫線）を引く。	
格子線（罫線）を取る。	
斜体にする。	
小数点以下の表示桁数を増やす。	
小数点以下の表示桁数を減らす。	

Chapter 5 厳選！ショートカット200　237

	ショートカット1	ショートカット2	大項目
59	Alt + H + M + U		8_書式
60	Ctrl & 1	Alt + O + E	8_書式
61	Alt + H + A + C		8_書式
62	Alt + H + L + 1		8_書式
63	Alt + H + R		8_書式
64	Ctrl & −	Alt + E + D	8_書式
65	Alt + H + H + N		8_書式
66	Alt + H + H		8_書式
67	Alt + H + K		8_書式
68	Alt + H + F + G		8_書式
69	Alt + H + F + K		8_書式
70	Alt + H + F + S		8_書式
71	Alt + H + F + C + 1		8_書式
72	Alt + H + W		8_書式
73	Alt + H + O + I	Alt + O + C + A	8_書式
74	Alt + H + O + W	Alt + O + C + W	8_書式
75	Ctrl & Shift & 4		8_書式
76	Ctrl & Shift & ^		8_書式
77	Ctrl & Shift & 1		8_書式
78	Esc		9_その他
79	Windows キー & L		9_その他

基本ショートカット100

アクション	備考
セル結合を解除する。	
セルの書式設定を開く。	右クリック＋Ｆでも OK。
セルの内容を中央揃えで表示する。	
セルの内容を左揃えで表示する。	
セルの内容を右揃えで表示する。	
セルを削除する。	
背景色を取る。	
背景色を塗る。	
表示形式を桁区切りスタイルにする。	負の数の表示形式は赤字で表示される。
フォントサイズを大きくする。	
フォントサイズを小さくする。	
フォントサイズを任意に変更する。	
文字の色を変更する。	Excel のバージョンによって操作が異なる。
文字を折り返して全体を表示する。	
列の幅の自動調整を行う。	「オルト ホイ」と覚える
列幅を任意に変更する。	
表示形式を通貨表示にする。	
表示形式を標準表示にする。	
表示形式を桁区切りスタイルにする。	負の数の表示形式が黒字。
①編集ミスを「なかったことにする」 ②ボックスを閉じる	Esc の使い方については本書 P22、53、68、102を参照。
パソコンをロックする、 またはアカウントを切り替える。	

Chapter 5 厳選！ショートカット200　239

	ショートカット1	ショートカット2	大項目
80	Alt + A + T		9_ その他
81	Alt & ↓ + S		9_ その他
82	Alt & ↓ + O		9_ その他
83	Alt & ↓ + F + E		9_ その他
84	Alt & ↓ + F + A		9_ その他
85	（全角）Ctrl & Space	（半角）Space	9_ その他
86	Alt + D + F + S	Alt + A + C	9_ その他
87	Alt + H + L + 2 + N		9_ その他
88	Alt + W + Q	Alt + V + Z	9_ その他
89	Alt + N + C		9_ その他
90	F4	Alt & Enter	9_ その他
91	Ctrl & Z	Alt + E + U	9_ その他
92	Ctrl & Y		9_ その他
93	Alt + N + V	Alt + D + P	9_ その他
94	Windows キー & D		9_ その他
95	Windows キー & R		9_ その他
96	Windows キー & ↓		9_ その他
97	Windows キー & ↑		9_ その他
98	Windows キー & →		9_ その他
99	Windows キー & ←		9_ その他
100	Windows キー & P		9_ その他

基本ショートカット100

アクション	備考
オートフィルターをつける / 外す。	
小さい順（数字）/ 前から（文字）で並べ替える。	フィルター操作にて使用する（本書 P168 を参照）。
大きい順（数字）/ 後ろから（文字）で並べ替える。	フィルター操作にて使用する（本書 P168 を参照）。
一致するデータでソートする。	フィルター操作にて使用する（本書 P170 を参照）。
キーワードを含むデータでソートする。	フィルター操作にて使用する（本書 P172 を参照）。
チェックボックスのチェックのつけ外しをする。	フィルター操作にて使用する（本書 P165 を参照）。
フィルターのクリアを適用する。	
「新しい書式のルール」を開く。	
ズームを表示する。	
棒グラフを挿入する。	
直前の動作を繰り返す。	文字入力は繰り返さない。
元に戻す。	詳細は本書 P54 参照。
やり直す。	詳細は本書 P57 参照。
ピボットテーブルを作成する。	
デスクトップを表示する。	
ファイル名を指定して実行する。	
ウィンドウのサイズを元に戻す／ウィンドウを最小化する。	
ウィンドウを最大化する。	
ウィンドウを画面右半分に固定する。	
ウィンドウを画面左半分に固定する。	
プロジェクターモードに切り替える。	スクリーンに投影する際に使用する。

Chapter 5 厳選！ショートカット200　241

応用ショートカット100

	ショートカット1	ショートカット2	大項目
1	Alt + R + P + W	Alt + T + P + W	1_ ファイル
2	Ctrl & Shift & Tab	Ctrl & Shift + F6	1_ ファイル
3	Ctrl & F5		2_ ウィンドウ
4	Ctrl & F8		2_ ウィンドウ
5	Ctrl & F9		2_ ウィンドウ
6	Ctrl & F10		2_ ウィンドウ
7	F11		3_ シート
8	Alt + E + M	Alt + H + O + M	3_ シート
9	Ctrl & Shift & PgUp/PgDn		3_ シート
10	Alt + H + O + T	Alt + O + H + T	3_ シート
11	Alt + R + P + S	Alt + T + P + P	3_ シート
12	Alt + O + H + H	Alt + H + O + U + S	3_ シート
13	Alt + O + H + U	Alt + H + O + U + H	3_ シート
14	Alt + W + J		3_ シート
15	Ctrl & Home		4_ 移動
16	Ctrl & End		4_ 移動
17	Alt & PgUp		4_ 移動
18	Alt & PgDn		4_ 移動
19	Ctrl & Backspace		5_ 選択

アクション	備考
「シート構成とウィンドウの保護」を出す。	
book を繰り替える。	
ウィンドウのサイズを最大から元に戻す。	
ウィンドウのサイズを矢印キーで変更する。	
ウィンドウを最小化する。	
(半角のとき) ウィンドウを最大化、または元のサイズに戻す。 (全角のとき) IME のオプションを表示する。	
グラフシートを挿入する。	
シートの移動またはコピーを開く。	
複数のシートを選択する。	
シート見出しの色を設定する。	
シートを保護する。	
選択シートを非表示にする。	
非表示シートを再表示する。	
表示サイズを100%にする。	
A1のセルに移動する。	ウィンドウ枠の固定を行っている場合は若干動作が異なる。
データの末尾行・末尾列のセルに移動する。	
ディスプレイ上の表示を左方向に移動する。	
ディスプレイ上の表示を右方向に移動する。	
アクティブセルを表示する。	表示されている画面の外にアクティブセルがあるとき。

Chapter 5 厳選! ショートカット200　243

	ショートカット1	ショートカット2	大項目
20	Ctrl & Shift & O		5_ 選択
21	Ctrl &]	Ctrl & Shift &]	5_ 選択
22	Ctrl & [		5_ 選択
23	Ctrl & Shift & [		5_ 選択
24	Shift & F8	Ctrl + マウス左クリック	5_ 選択
25	Ctrl & >		5_ 選択
26	Shift & Backspace		5_ 選択
27	Shift & F4		5_ 選択
28	Ctrl & Shift & F4		5_ 選択
29	Ctrl & Shift & :		5_ 選択
30	Alt + E + I + U		6_ コピー／貼り付け
31	Alt + E + I + L		6_ コピー／貼り付け
32	Ctrl & Shift & 2		6_ コピー／貼り付け
33	Ctrl & Shift & 7		6_ コピー／貼り付け
34	Alt + M + U + M		7_ 入力
35	Alt + M + U + I		7_ 入力
36	Ctrl & :		7_ 入力
37	Shift & F9		7_ 入力
38	F9	Ctrl & Shift & −	7_ 入力
39	Ctrl & T	Ctrl & L	7_ 入力
40	Ctrl & K	Alt + I + I	7_ 入力

応用ショートカット100

アクション	備考
コメント付きのセルを選択する。	
参照しているセルを選択する。	該当するセルが見つからない場合にアラートが表示される。
参照しているセルを選択する。	該当するセルが見つからない場合でも、アラートが表示されない。
参照しているセルを選択する。	該当するセルが見つからない場合にアラートが表示される。
選択範囲に追加する。	主に隣接していない複数のセルを選択する場合に使用する。
選択範囲の四隅のセルを移動する。	
セルの選択を解除する。	
直前の検索コマンドを実行する。	次を検索する。
直前の検索コマンドを実行する。	前を検索する。
表を選択する。	Ctrl & A とは異なり、アクティブセルが表の左上になる。
下のセルをコピーする。	
右のセルをコピーする。	
上のセルの値をコピーし、セル内の編集をアクティブにする。	
上のセルの数式をコピーし、セル内の編集をアクティブにする。	
MAX 関数を挿入する。	
MIN 関数を挿入する。	
現在の時刻を入力する。	
作業中のシートのデータを再計算する。	数式や関数の再計算が自動で行われない場合に使用する。
開いている book の全てのデータを再計算する。	
テーブルを作成する。	
ハイパーリンクを設定する。	

Chapter 5 厳選! ショートカット200　245

	ショートカット1	ショートカット2	大項目
41	Alt + E + A + H	Alt + H + E + L	7_入力
42	Alt + E + A + R	Alt + H + E + R	7_入力
43	Alt + I + M	Shift & F2	8_書式
44	Alt + E + A + M	Alt + H + E + M	8_書式
45	Ctrl & Shift & F	Ctrl & Shift & P	8_書式
46	Alt + H + B + M		8_書式
47	Alt + H + O + D	Alt + O + C + S	8_書式
48	Alt + H + O + A	Alt + O + R + A	8_書式
49	Alt + H + O + H		8_書式
50	Alt + H + L + 2 + C + S		8_書式
51	Alt + O + D	Alt + H + L + 2 + R	8_書式
52	Ctrl & Shift & @	Alt + T + U + M	8_書式
53	Ctrl & Shift & ;	Alt + I + E	8_書式
54	Ctrl & 9	Alt + O + R + H	8_書式
55	Alt + E + A + F	Alt + H + E + F	8_書式
56	Ctrl & Shift & 6		8_書式
57	Alt + E + A + A	Alt + H + E + A	8_書式
58	Ctrl & 0	Alt + O + C + H	8_書式
59	Ctrl & 5		8_書式
60	Ctrl & Shift & 9	Alt + O + R + U	8_書式
61	Ctrl & Shift & 0	Alt + O + C + U	8_書式

応用ショートカット100

アクション	備考
選択範囲のハイパーリンクをクリアする。	
選択範囲のハイパーリンクを削除する。	
コメントを挿入する。	
選択範囲のコメント（メモ）を削除する。	
セルの書式設定のフォントタブを開く。	
セルの書式設定の罫線タブを開く。	
標準の幅を設定する。	
行の高さの自動調整を行う。	
行の高さを任意に変更する。	
選択範囲の条件付書式を解除する。	
条件付き書式ルールの管理を表示する。	
数式の表示のオンオフを切り替える。	同じ操作で元の表示に戻る。
セルを挿入する。	
選択行を非表示にする。	
選択範囲の書式を削除する。	
選択範囲の外枠に罫線を引く。	
選択範囲を完全に削除する。	
選択列を非表示にする。	
取り消し線を引く。	同じ操作で取り消し線は消える。
非表示になっている選択行を再表示する。	
非表示になっている選択列を再表示する。	端末によっては使えない場合がある。

Chapter 5　厳選！ショートカット200　247

	ショートカット1	ショートカット2	大項目
62	Ctrl & Shift & 5	Alt + H + P	8_ 書式
63	Ctrl & ^		8_ 書式
64	Ctrl & Shift & 3		8_ 書式
65	Ctrl & @		8_ 書式
66	Alt + T + O		9_ その他
67	Alt + A + E	Alt + D + E	9_ その他
68	Alt + I + H		9_ その他
69	Alt & Shift & →	Alt + D + G + G	9_ その他
70	Alt & Shift & ←	Alt + D + G + U	9_ その他
71	Alt + A + H	Alt + D + G + H	9_ その他
72	Alt + A + J	Alt + D + G + S	9_ その他
73	Ctrl & Shift & F1		9_ その他
74	Alt + A + M		9_ その他
75	Alt + A + V + V	Alt + D + L	9_ その他
76	Alt + D + S	Alt + A + S + S	9_ その他
77	Alt + V + P	Alt + W + I	9_ その他
78	Alt + V + N	Alt + W + L	9_ その他
79	q		9_ その他
80	Ctrl & Shift & U		9_ その他
81	F1		9_ その他
82	Alt & F8	Alt + T + M + M	9_ その他

応用ショートカット100

アクション	備考
表示形式を%スタイルに切り替える。	
表示形式を指数表示にする。	
表示形式を日付表示にする。	
表示形式をユーザー定義に切り替える。	
Excel のオプションを表示する。	
区切り位置を変更する。	
グラフを挿入する。	
グループ化を実行する。	
グループを解除する。	
グループを折りたたむ。	
グループを展開する。	
シートを全画面表示にする / 全画面表示を解除する。	同じ操作で解除可能。
重複を削除する。	
データの入力規則を設定する。	
並べ替えを表示する。	
book の表示を改ページプレビューにする。	
book の表示を標準にする。	
リボンを表示、非表示にする。	
数式バーの展開と折りたたみ。	
[ヘルプ] を表示する。	
[マクロ] ダイアログボックスを表示する。	

Chapter 5 厳選！ショートカット200　249

	ショートカット1	ショートカット2	大項目
83	Alt & F11	Alt + L + V	9_その他
84	Ctrl & Esc	Windows キー	9_その他
85	Alt + I + B	Alt + P + B + I	9_その他
86	Alt + O + H + B		9_その他
87	Alt + N + P		9_その他
88	Ctrl & Q		9_その他
89	Shift & F10		9_その他
90	Ctrl & Shift & F3	Alt + M + C	9_その他
91	ALT + M + P		9_その他
92	ALT + M + D		9_その他
93	Alt + T + U + A	Alt + M + A + A	9_その他
94	Alt + V + H	Alt + N + H	9_その他
95	Windows キー & X		9_その他
96	Windows キー & E		9_その他
97	Windows キー & I		9_その他
98	Windows キー & Tab		9_その他
99	Windows キー & M		9_その他
100	Ctrl & Shift & Esc		9_その他

応用ショートカット100

アクション	備考
VBA のエディターを起動する。	
Windows のスタートメニューを表示する。	
改ページを挿入する。	
画像の挿入を表示する。	
画像ファイルを挿入する。	
クイック分析を行う。	入力されたデータがないと機能しない。
右クリックメニューを表示する。	
選択範囲から名前を作成する。	
参照元をトレースする。	
参照先をトレースする。	
トレース矢印の削除を行う。	参照先、または参照元のトレース矢印を削除する。
ヘッダーとフッターの編集を行う。	
スタートメニューの右クリックメニュー（アドバンスドメニュー）を表示する。	
エクスプローラーを表示する。	
Windows の設定を表示する。	
デスクトップの管理画面を開く。	
すべてのアプリケーションを最小化する。	
タスクマネージャーを起動する。	

Chapter 5 厳選！ショートカット200　251

おわりに
本書を読み終えた皆さんへ

　私はいま、香川県高松市でこの原稿を書いています。つい昨日は高松で Excel 研修をしました。Excel スピードインパクトの噂が広まり、日本中のいろいろな方からお声がけいただくようになりました。

　Excel スピードインパクトは、日々の仕事で Excel をたくさん使う人たちにとって、絶大な効果を発揮します。

　しかし、本書の「はじめに」にも書きましたが、マウスを使わない Excel 操作は、習熟するまでにそれなりに時間がかかります。

　マウスを使っていたころと比べると、一時的にパフォーマンスが落ちます。これは避けられません。

　セミナーでは対面で、手取り足取りお教えし、何度もその場で反復練習をしていただきます。私がこれまで対面のセミナーにこだわってきたのは、Excel スキルを高めることにコミットするためです。

☑ Excelの面白さ、奥深さを伝えたい

　本書の執筆のお話をいただいたとき、私は正直、執筆するべきかどうか悩んでいました。

　「この技術をミスリードすることなく、本で伝えることができるのだろうか……？」

　しかし、直接お教えできる人数には限界があります。最近は、地方での開催も増えましたが、直接お会いできない都道府県の方で、Excel のスピード技術を高めたいと考えている方も多いはずです。

　そんな方のお役に立てるかもしれない。Excel の新しい世界をご案内でき

るかもしれない。

　そのように考えて、この本を書くことを決めました。

☑ 「反復こそ力」なり

　話は変わるのですが、最近私はダンスを始めました。これがなかなか難しくて、頭で振り付けを覚えていても、何度も踊って練習しないと体がついてきてくれません。

　反復しないと、本番では絶対によいダンスはできませんね。

　Excel も全く一緒です。

　本書では「この操作は何回も繰り返して練習してください」といったメッセージがたくさん出てきます。しつこいと感じた人も多いでしょう。

　しかし、反復こそ力なのです。

　知識として知っているだけでは、実戦では使えません。

　本を読んで終わりではなく、身につけたいスキルの反復練習をしてください。特に Chapter 2 の「セル選択の10奥義」は本当に大切なスキルなので、念入りにお願いします。

　トレーニングを積んだ皆さんが、Excel の新しい世界に飛び込んでいかれることを願っております。

　最後に、本書を執筆するにあたり多大なるサポートをいただきました、株式会社 morich の森本千賀子さん、親身になってご助言をいただきました、株式会社ダイヤモンド社の中村明博さん、誠にありがとうございました。

2019年9月　中田 元樹

中田元樹 (なかた・げんき)

業務改善コンサルタント

東進ハイスクール校舎長、社長室担当を歴任。その後、日本IBMを経て、NTTデータ経営研究所にて業務改革のコンサルティングを行い、独立する。

東進ハイスクールにおいては、のべ1万回の進路指導を行い、コーチングスキルを獲得。

日本IBMでは、業務改革コンサルティングチームに所属。膨大な仕事量に忙殺され、睡眠時間を削って仕事をする日々を過ごす。「このままではお客様に満足していただけるパフォーマンスは出せない」と、1秒でも早くデータを分析するための方法を模索し、日々改善を続ける。結果、Excelを活用したデータ分析のスピードが飛躍的に上昇していく。"Excelのプロ集団"として認知されていた業務改革コンサルティングチームの中でも、最も操作スピードが速く、約2万人の社員の中で一番の使い手とされる。そのExcel技術を当時の新人教育部門/研修担当部門から評価され、社内講師をオファーされたのがExcel研修講師としてのキャリアのスタートだった。

総勢30人程度のExcel研修サービスチームを結成し、外資系コンサルから大学生まで、幅広い層にExcel研修を行う。指導実績は1000人を超え、受講満足度は99.7％を誇る。噂が噂を呼び、現在は日本のみならず、スイスやフィリピンからも研修オファーがあり、活躍の舞台を世界に広げている。

HP：https://excelcamp.jp/

【注意事項】
・本書記載の情報は2019年9月現在のものです。本書は、WindowsのExcel2013/2016に対応し、Macには対応しておりません。Excel2016の画面を用いて解説しているため、ご利用のExcelのバージョン・種類によって、若干の差異がある場合があります。あらかじめご了承ください。
・各パソコンの固有の機能については、ご利用のパソコンの付属説明書をご確認ください。
・本書の内容の実行や教材データの活用はすべて自己責任のもとで行ってください。もし損失を被った場合でも、著者ならびに出版社は責任を負いかねます。

神速Excel

2019年9月4日　第1刷発行
2019年9月25日　第2刷発行

著　者―――中田元樹
発行所―――ダイヤモンド社
　　　　　〒150-8409　東京都渋谷区神宮前6-12-17
　　　　　http://www.diamond.co.jp/
　　　　　電話/03・5778・7236(編集)　03・5778・7240(販売)
装丁―――三森健太(JUNGLE)
本文デザイン・DTP―岸 和泉
イラスト―――田渕正敏
校正―――鷗来堂、加藤義廣(小柳商店)
製作進行―――ダイヤモンド・グラフィック社
印刷―――勇進印刷
製本―――ブックアート
編集担当―――中村明博

Ⓒ2019 Genki Nakata
ISBN 978-4-478-10525-2
落丁・乱丁本はお手数ですが小社営業局宛にお送りください。送料小社負担にてお取替えいたします。但し、古書店で購入されたものについてはお取替えできません。
無断転載・複製を禁ず
Printed in Japan

本書の感想募集 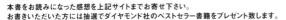 http://diamond.jp/list/books/review

本書をお読みになった感想を上記サイトまでお寄せ下さい。
お書きいただいた方には抽選でダイヤモンド社のベストセラー書籍をプレゼント致します。